O
significado
dos
conflitos

Dados Internacionais de Catalogação na Publicação (CIP)
(Câmara Brasileira do Livro, SP, Brasil)

Kast, Verena
  O significado dos conflitos : complexos e temas de vida como oportunidades de crescimento / Verena Kast ; tradução de Milton Camargo Mota. – Petrópolis, RJ : Vozes, 2024.

  Título original: Konflikte anders sehen.

  1ª reimpressão, 2024.

  ISBN 978-85-326-6853-0

  1. Administração de conflitos 2. Conflitos (Psicologia) 3. Solução de conflitos I. Título.

24-205028   CDD-158.2

Índices para catálogo sistemático:

1. Conflitos : Relações interpessoais : Psicologia aplicada   158.2
Tábata Alves da Silva – Bibliotecária – CRB-8/9253

Verena Kast

O
significado
dos
conflitos

Complexos e temas de vida
como oportunidades
de crescimento

Tradução de Milton Camargo Mota

EDITORA
VOZES

Petrópolis

© 2020 Patmos Verlag.
Verlagsgruppe Patmos in der Schwabenverlag AG, Ostfildern.

Tradução do original em alemão intitulado *Konflikte anders sehen –
Die eigenen Lebenstheme entdecken*

Direitos de publicação em língua portuguesa:
2024, Editora Vozes Ltda.
Rua Frei Luís, 100
25689-900 Petrópolis, RJ
www.vozes.com.br
Brasil

Todos os direitos reservados. Nenhuma parte desta obra poderá
ser reproduzida ou transmitida por qualquer forma e/ou quaisquer
meios (eletrônico ou mecânico, incluindo fotocópia e gravação) ou
arquivada em qualquer sistema ou banco de dados sem permissão
escrita da editora.

CONSELHO EDITORIAL	PRODUÇÃO EDITORIAL
Diretor	Aline L.R. de Barros
Volney J. Berkenbrock	Marcelo Telles
	Mirela de Oliveira
Editores	Natália França
Aline dos Santos Carneiro	Otaviano M. Cunha
Edrian Josué Pasini	Priscilla A.F. Alves
Marilac Loraine Oleniki	Rafael de Oliveira
Welder Lancieri Marchini	Samuel Rezende
	Vanessa Luz
Conselheiros	Verônica M. Guedes
Elói Dionísio Piva	
Francisco Morás	
Gilberto Gonçalves Garcia	
Ludovico Garmus	
Teobaldo Heidemann	

Secretário executivo
Leonardo A.R.T. dos Santos

Editoração: Rafaella Nóbrega Esch de Andrade
Diagramação: Editora Vozes
Revisão gráfica: Michele Guedes
Capa: Larissa Sugahara

ISBN 978-85-326-6853-0 (Brasil)
ISBN 978-3-8436-1236-4 (Alemanha)

Este livro foi composto e impresso pela Editora Vozes Ltda.

Sumário

Prefácio, 7

TEMAS DE VIDA: O QUE BUSCAMOS – A QUE ASPIRAMOS, 9

Conflitos e temas de vida: Aprender a ver ambos os lados 13

Temas de vida que estão ocultos nos problemas 15

O anseio como guia do caminho 19

TEMAS DE VIDA OCULTOS EM EXPERIÊNCIAS COMPLEXADAS, 25

Complexos: centros de energia da vida psíquica 26

A importância dos símbolos. 29

Como surgem os complexos? 31

Episódios de complexos. 33

Vivência e comportamento ligados ao complexo no dia a dia 40

Episódio ligado ao complexo e tema de vida 44

Temas de vida que se mostram em conflitos cotidianos 47

"Eu sempre saio perdendo" 48

Cada complexo tem uma história de origem 50

Um episódio ligado ao complexo. 51

Outro episódio ligado ao complexo: 52

Pôr-se no lugar de cada um dos polos do complexo 54

A expressão simbólica para o episódio ligado ao complexo . . 58

De alguma maneira, sempre sou deixado de lado 65

Eu sempre tenho de abandonar 66

"Eu sempre estou presente para os outros, mas nunca
há alguém para mim" 75

"Consigo entender qualquer pessoa que me deixa" 84

"Fico sozinho com minha alegria" 88

Como se parece o episódio ligado ao complexo? 89

Inveja e reconhecimento 92

Ser reconhecido pelo pai 94

"No momento crucial, sou deixada de lado" 99

Plano de fundo do complexo 103

"Sou sempre a culpada de tudo" 108

"Nada de bom vai sair dele!" 118

"De você nunca sairá nada de bom" – uma variante 125

"Estão sempre estragando meu antegozo" 127

O antegozo não permitido 137

"Sempre estragam minha alegria" 142

Qual é o tema de vida oculto? 147

"Se eu não fizer tudo eu mesmo, tudo sempre sai errado" 148

"Tenho de fazer tudo eu mesma" – uma variante 153

CRIAR UM ESPAÇO DE MANOBRA PARA SI, 157

E OS SEUS PRÓPRIOS TEMAS DE VIDA?, 163

Agradecimentos, 165

Anexo, 167

O CONTO DA GATA BORRALHEIRA, 175

Referências, 185

Prefácio

Sabemos que as pessoas têm complexos; sabemos também que estes, às vezes, perturbam sensivelmente a convivência humana. Mas como surgem esses complexos? Quais são realmente seus efeitos? E: são realmente apenas perturbadores, ou eles abrigam oportunidades de desenvolvimento que foram bloqueadas? Este livro fornece algumas respostas e estímulos para esse tópico.

Os conflitos e complexos cotidianos ocultam temas de vida importantes, pertencentes a cada indivíduo, que devem ser percebidos e aproveitados, e que podem ser visível e também emocionalmente experimentáveis, precisamente por meio das reações complexadas do dia-a-dia. No entanto, se continuarmos a nomear e lastimar repetidamente as ofensas e experiências que levaram a tais complexos, se acreditarmos firmemente que nada mudou em nossa própria vida, então também nada mudará. Daí a ideia de que esses complexos também podem conter oportunidades de desenvolvimento.

Com auxílio de exemplos, serão descritos aqui complexos que devem ser familiares para muitas pessoas por experiência própria. E os temas de vida neles ocultos serão salientados. Isso pode estimular uma nova abordagem para lidarmos com nossos conflitos, mas também para identificarmos esses temas ocultos neles.

Agradeço à editora Patmos e, especialmente, à Dra. Christiane Neuen pela reedição deste livro.

Verena Kast

Temas de vida
O que buscamos – a que aspiramos

Nos temas de vida, manifestam-se desejos e ideias que querem ser realizados em nossa própria vida, para que possamos falar de uma vida bem-sucedida. Faz parte da natureza humana o desejo de produzir, realizar, alcançar algo. Aberta ou secretamente, todas as pessoas aspiram por algo significativo a ser realizado, algo que dê sentido à vida: todos nós queremos cumprir nossos desejos. Esses desejos são a base para decisões importantes que afetam nossa identidade e, portanto, nossos temas vitais. Essas decisões estão sempre voltadas para a realização desses desejos. Até mesmo aqueles dos quais não temos consciência influenciam nossas ideias sobre quais temas devem ser realizados e quais queremos realizar. Posteriormente, nós os reconhecemos nos padrões que se manifestam em nossa vida e nos causam surpresa. Em retrospecto, frequentemente dizemos que era "isso" que sempre tínhamos buscado, mesmo que tal coisa não estivesse realmente consciente para nós.

Vejamos o exemplo de um homem que jamais se imaginou ingressando na política, mas se posicionou na vida de maneira que, de repente, uma carreira política passou a ser "lógica". E, com certa surpresa, ele diz, ao contemplar o caminho que trilhou: "Provavelmente, eu sempre 'quis' ser politicamente ativo, só não sabia disso".

Os desejos ainda não conscientes se manifestam em nossa fantasia, em nossa imaginação, em nossos devaneios. Os desejos se entrelaçam formando temas de vida, aos quais direcionamos nossa vontade, por meio da qual nós os realizamos. Ao longo da vida, esses temas são remodelados em maior ou menor grau. Com o tempo, somos capazes de percebê-los mais conscientemente. De forma concomitante, eles são continuamente reconfigurados por novos desejos, novas experiências e ideias. Aqui não são tanto os objetivos a serem alcançados que ficam em primeiro plano, mas sim a constante formação desses temas no cotidiano e, portanto, a construção de nossa identidade (Kast, 2013). Nossa identidade é influenciada também por esses objetivos, se estiverem conscientes para nós. Se em certa medida conseguirmos realizar esses temas de vida em constante transformação, a vida será percebida como significativa. Quando esses desejos específicos e as intenções de configuração a eles vinculadas são frustrados, as pessoas passam por grande sofrimento.

- O que é importante para você realizar na sua vida?

- O que você realmente queria com sua vida? E o que você ainda quer com sua vida?

- O que você realizou até agora? E o que aconteceu com esse tema de vida? Outros temas vitais se tornaram mais importantes?

- Você tem devaneios sobre uma vida completamente diferente?

- Suas intenções e esforços para realizar um tema de vida foram frustrados? Você tem a experiência de que suas intenções nesse sentido são repetidamente frustradas?

As respostas a essas perguntas podem revelar quais temas são de grande importância para o indivíduo. Elas também podem mostrar que esses temas, como tudo o mais na vida, estão sujeitos a mudanças. Trazer à consciência os temas que determinam nossa caminhada não é tarefa simples. Existem, naturalmente, aquelas que moldaram e moldam fundamentalmente nossa trajetória – mas, com frequência, até mesmo aspectos parciais de temas mais amplos são significativos. Eles apontam para questões que muitas vezes só se revelam após um longo período de autorreflexão, talvez apenas quando olhamos para nossa própria história sob essa perspectiva. Quais temas de vida estão sempre se revelando em nossa biografia? Que desejos, intenções, planos e fantasias a serem realizados se estendem como fios condutores ao longo de nossa história?

Os temas da vida se tornam evidentes, por exemplo, em histórias que nos tocaram emocionalmente, que nos comoveram profundamente e, portanto, seguem presentes em nossa memória. Podem ser filmes que são significativos para nós, até mesmo contos de fadas da infância que nos emocionaram. Essas obras, produzidas pela nossa cultura, projetam nossos temas de vida. Estes se manifestam em tudo o que consegue prender nosso interesse de maneira mais duradoura. Ao inter-relacionarmos os conteúdos que sempre nos interessaram, temas de vida nítidos começarão a se evidenciar.

Os temas de vida são ideias condutoras existenciais, mais ou menos conscientes, associadas a emoções significativas e que influenciam nossas experiências e comportamentos em diferentes fases da vida. Eles moldam nossa realidade cotidiana. E são eles os motes em torno dos quais se entrelaçam nossas narrativas autobiográficas[1].

Um homem desejaria (e este é um dos seus temas de vida) facilitar o cotidiano de seus semelhantes. E ele faz isso ao aprimorar dispositivos domésticos necessários. Ele até mesmo inventa novos aparelhos. Ao contar sua história, ela se entrelaça principalmente com as mudanças importantes nos dispositivos que ele conseguiu produzir, e com a maneira como essas mudanças foram bem recebidas pelas pessoas, gerando grande satisfação. Um dos temas de sua vida também poderia ser: fazer as

---

1. Mundt, Fielder *et al.* há muito tempo se ocupam com a pesquisa dos temas de vida de pacientes psiquiátricos. Sua definição: "Temas de vida, como conteúdos intencionais, são, por longos períodos de tempo, conteúdos da vida psíquica em parte conscientes e em parte inconscientes e determinantes das ações. Eles têm forte carga emocional. Portanto, o indivíduo adquire forças ao perseguir os temas de vida de maneira promissora; no caso de falha, espera-se sofrimento psíquico correspondente" (comunicação pessoal por escrito).

pessoas felizes. Normalmente, temos várias temáticas de vida que mudam facilmente ao longo de nossa existência, muitas vezes se adaptando à idade em que estamos.

Existem temas que com o tempo perdem relevância, enquanto outros se tornam mais importantes. Sofremos se somos impedidos de realizá-los. Alguém cujo tema de vida é rebentar a estreiteza de suas origens sofrerá mais se uma ascensão profissional falhar do que alguém cujo tema é levar uma vida o mais livre de estresse possível.

Conflitos e temas de vida: Aprender a ver ambos os lados

Quando consideramos a vida do indivíduo da perspectiva dos temas vitais, fica claro que a vida psíquica, como toda vida, está direcionada para a realização de possibilidades, para o autodesenvolvimento, a autopreservação, a autocriação e para um contínuo potencial de transformação. Trata-se do poder de criação que desenvolvemos e de seus vestígios em nossa própria história. Não se trata tanto de tudo o que nos aconteceu durante a jornada, das terríveis coisas que foram feitas contra nós. Essa mentalidade muitas vezes está associada à exigência de que o mundo, de alguma maneira, faça reparações. No entanto, um olhar sobre os temas de vida mostra que se trata do futuro, de um diferente si-mesmo ainda pendente, ainda possível: essa perspectiva traz esperança.

A concentração nos temas de vida começa com a força de cada indivíduo: não importa quão difícil seja o processo, quantos golpes do destino ele tenha de suportar, sempre há o ímpeto vital de realizar alguns aspectos cruciais da existência. Ao focar nos temas, é importante lembrar que há uma "visão bilateral": não apenas os conflitos são mirados, não apenas o aspecto patológico de uma vida, mas também o saudável anseio por algo de central importância, mesmo que tal anseio seja reiteradamente frustrado, como é o caso de muitas pessoas.

Ao atentarmos para os temas de vida, eles já mostram nitidamente onde pode começar o autocuidado de cada um de nós. Pois se apenas observamos a patologia, as coisas ruins, então vamos esperar ajuda externa e adotar, com isso, uma mentalidade de assistência. Como consequência, tal mentalidade leva à exigência de que todos devem de alguma forma receber cuidados – e se não recebem, ficam aborrecidos e desapontados. O cuidado consigo mesmo é delegado para o externo. Naturalmente, não se deve negar ajuda a quem precisa de ajuda. No entanto, parece-me importante considerar também a dignidade do autocuidado – e isso não apenas diante da diminuição dos recursos financeiros do Estado. O autocuidado aponta para a capacidade criadora e, com isso, para um fortalecimento do si-mesmo do indivíduo. A mentalidade de assistência, por outro lado, é amplamente difundida no momento e é um grande problema tanto social quanto individual. Entretanto, a ideia de autocuidado está mais relegada à sombra. Ela precisa ser fortalecida.

Temas de vida que estão ocultos nos problemas

Habituação e exercício são necessários para enxergarmos nos temas de vida os anseios saudáveis e essenciais das pessoas, que devem ser concretizados no dia a dia para que a existência seja experimentada como significativa. No cotidiano, falamos sobre temas de vida com frequência, querendo nos referir com isso aos problemas que nos acompanham fielmente, apesar de estarmos constantemente trabalhando neles. Problemas que, por sua vez, também são um tema determinante de nossa história. Esses problemas persistentes ou ocasionais e que nos tolhem contêm, quase sem exceção e de maneira crucial, temas de vida que precisam ser realizados e que, uma vez reconhecidos, poderiam dar impulso à nossa jornada.

Para testar essa hipótese, perguntei a uma colega que lidera uma equipe de pesquisa se ela era capaz de se lembrar de algum problema emocionalmente significativo nas últimas semanas.

Ela se lembra: "Na verdade, há um bom tempo estou insatisfeita. O espírito de equipe não está funcionando. Paira uma atmosfera de cansaço. Preciso o tempo todo incentivar, estimular para que o negócio não afunde em depressão, eu diria. Sou boa nisso, é uma das minhas habilidades, mas estou começando a ficar cansada disso".

Quando questionada sobre como a equipe deveria ser, ela respondeu: "Eles deveriam estar entusiasmados – por conta própria, sem minha ajuda. Afinal, são pessoas ótimas. É verdade, eles têm muito trabalho. Mas deveriam estar entusiasmados, vivos, estimulantes, até mesmo por mim".

Por trás da insatisfação, do problema, há um anseio: a equipe deveria estar entusiasmada, viva, ser estimulante – e, então, ela, a chefe, também estaria. O tema de vida por trás de sua insatisfação poderia ser, portanto, a busca por entusiasmo, por intensidade.

Perguntei-lhe se lhe era algo conhecido esse tema de sempre precisar ser ela a fonte de estímulo. "Sim, claro. Quando escolhi essa carreira, imaginei que sempre estaria motivada, que faria descobertas emocionantes com outras pessoas. Isso, obviamente, era um pensamento juvenil. Mas, na verdade, ainda espero isso – e quanto mais meus colegas me decepcionam, mais eu própria tento ser inspiradora".

Como ela disse que era um pensamento "juvenil", perguntei se esse tema de vida já havia sido um tema anterior em sua vida.

> Eu sempre fui 'animada'. Na escola, por exemplo. Eu me identificava como uma estudante que podia inspirar. Acho que os professores confiavam nisso. Na família, eu também era 'animada'. Eles todos eram meio entediantes, controlados ou abatidos, ou tudo isso junto. Talvez estivessem sobrecarregados de trabalho. É o que penso hoje. Naquela época, eu apenas tentava trazer vivacidade para dentro de casa.

Do problema das últimas semanas – "Impera uma atmosfera de grande cansaço na equipe" – é facilmente possível selecionar um tema de vida:

Minha colega deseja ter uma vida ativa, inspirada. Para ela, isso está ligado à pesquisa e descoberta, à busca e ao encontro; e ela deseja experimentar tudo isso com os outros, constantemente. Para alcançar isso, ela faz muitas coisas – talvez até demais – e depois se decepciona, fica irritada e se sente sobrecarregada. Como de qualquer tema de vida, é possível seguir rastros até sua origem: com sua vitalidade – algo que ela já traz consigo – minha colega conseguia já na infância criar um ambiente de animação, o qual, em sua visão, melhorava a vida de todos ao redor. Isso provavelmente era verdadeiro, já que suas habilidades nesse quesito eram e ainda são frequentemente elogiadas. No entanto, ela não apenas assumiu esse tema, mas procurou torná-lo ainda mais recompensador. Obviamente, ela quando criança sentia falta de ter a coparticipação dos outros; por isso, mais tarde, quis ter uma equipe inteira no intuito de manter para si um ambiente de animação.

Os temas de vida têm suas raízes no passado, refletem-se na personalidade que alguém se tornou e apontam o futuro: se for possível moldar a vida de acordo com eles, então um bom futuro está garantido. Às vezes, contudo, tais temáticas precisam ser modificadas.

Os temas de vida têm um impacto na configuração atual e concreta de nossa existência e, por essa razão, também precisam ser alterados. As pessoas com quem convivemos desempenham um papel importante nisso, exercendo uma influência considerável na moldagem dos nossos temas de vida.

Essa colega conversa com a equipe. Ela lhe narra sua percepção: quanto mais apáticos os membros da equipe são, mais animada ela se torna. Ela se sente sobrecarregada. Ela também fala sobre a origem deste tema de vida em sua história pessoal. Isso acarreta uma longa conversa em grupo, com o seguinte resultado:

Os membros da equipe apreciam a capacidade inspiradora da chefe. Às vezes, no entanto, sentem uma "coerção para se entusiasmar". ("Se não estamos tão entusiasmados como você imagina, nós a decepcionamos...")

"Não podemos estar sempre entusiasmados, mas quando há a mínima razão para isso, temos prazer em nos entusiasmar. Mas o caso é que, às vezes, também nos sentimos desapontados – quando não descobrimos nada de importante – e queremos expressar e compartilhar esse desapontamento".

A chefe compreende essas declarações e, por consequência, está disposta a sacrificar um pouco de seu anseio por entusiasmo.

No diálogo comigo, enquanto conta os resultados da conversa da equipe, ela reflete: "Devo desistir desse anseio ou mudá-lo de lugar? Ao que parece, ele não é mais apropriado". Ela se pergunta se outra equipe, talvez mais jovem, seria mais empolgada. No entanto, logo descarta essa ideia. A equipe atual e ela se dão muito bem. O que ainda a entusiasma? A música. Ela considera a possibilidade de transferir esse anseio para a música e acrescenta pensativa: "Esse anseio por entusiasmo e por intensidade é, na verdade, um tema espiritual, mas eu sou tão concreta...".

Claro, pode-se também perguntar como ela lida com as decepções. Mas essa não é a questão central aqui. O exemplo deveria ilustrar como um problema manifesta um tema de vida que, para a pessoa envolvida, é muito importante realizar. Ele também mostra que as pessoas com quem convivemos têm grande participação na realização de nossos temas de vida e que estes também sempre precisam ser um pouco modificados.

O anseio como guia do caminho[2]

O anseio – o que também é mostrado por este exemplo – é um bom guia no caminho em direção aos temas de vida realmente centrais. O anseio por uma vida bem-sucedida quer o perfeito, o íntegro. O anseio é uma forma de relacionar-se com o futuro; ele transcende amplamente o aqui e agora. Com ele, imaginamos algo que está muito à frente no futuro. O anseio vive da imaginação. Ele, por um lado, revela nossas oportunidades de desenvolvimento, nossos potenciais; e, por outro, mostra o que ainda está pendente, o que está por vir, o que falta para uma vida ser completa e significativa para nós. Se realmente alcançássemos o que o anseio nos faz almejar,

---

2.Cf. Kast (2005, p. 68ss.).

então não haveria mais anseio para sentirmos. Mas podemos ter certeza, enquanto vivermos, algo sempre faltará, sempre haverá algo pendente; o anseio sempre persistirá, mesmo que o objeto de nosso anseio mude. A vida é finita – o anseio, no entanto, quer o infinito, o inteiro. Ele é uma busca e uma pergunta por algo que satisfaz completamente; ele lança uma ponte desde o agora e aqui ainda não totalmente satisfeito para um "depois" pensado como realizado. Ele mostra nossas aspirações: o anseio por algo grandioso, por algo completamente diferente, pela experiência de um significado, por amor, liberdade, segurança, intensidade, por conexão no sentido mais amplo – para citar apenas alguns anseios.

No anseio, novas áreas de vida sempre podem ser animadas: há sempre um "eu" pendente, novos aspectos de nós mesmos que se manifestam em novos anseios e novos interesses, que permitem realizar esses anseios pelo menos parcialmente (Kast, 2011). Os anseios estão ligados a ideias concretas: desejos concretos, aspirações que, em última instância, remetem para um anseio fundamental, tornam-se vivenciáveis e devem ser realizados. Nestes desejos alimentados pelo anseio, deparamos com nossas possibilidades de desenvolvimento, que realizamos como temas de vida no mundo exterior e que, por meio dessa realização, alteram também o nosso mundo interior.

O anseio dá forma imaginativa aos temas de vida. O interesse, o interesse apaixonado, fornece um impulso e faz com que, ao longo do tempo, esses temas sejam concretamente realizados. A esperança e o entusiasmo fazem com que eles continuem direcionados para o melhor, apesar de resistências e medos.

Um homem, por volta dos 45 anos, que aqui chamarei de Leonardo, gerencia a carpintaria fundada por ele próprio, com um serviço especializado que é muito bem apreciado. Seus filhos são adultos e estão prontos para deixar a família. Sua esposa retomou os estudos que abandonou há mais de 20 anos. Numa conversa sobre anseios, Leonardo afirma não ter nenhum. No entanto, ele começa a desenvolver ideias sobre uma vida que "se encaixaria perfeitamente" para ele. Um dia – num futuro próximo – ele deseja viajar pelo mundo. Inicialmente para um lugar onde ninguém o conheça, um local bonito nas montanhas – talvez Nova Zelândia. Lá, ele quer refletir, refletir muito. Por cerca de um mês. Então, conforme ele imagina, ele seria uma "pessoa diferente", cheia de ideias como antes, mas agora com mais maturidade.

Em seguida, ele planeja ir também para o Afeganistão para ensinar sua especialidade artesanal às pessoas de lá. Ele imagina que trabalhará com outros e terá muitas conversas maravilhosas com pessoas que também estão refletindo sobre o significado da vida. Mas ele também imagina introduzir em sua profissão crianças órfãs, sendo um pouco como um pai para elas – e elas seriam "infinitamente" gratas. E quando estas crescessem e se tornassem independentes, novas crianças viriam. Sempre haveria jovens numa idade empolgante. Em troca, elas o ajudariam a compreender sua cultura. Ele imagina tudo isso como algo muito estimulante e emocionante. E acha que posteriormente poderia escrever um livro sobre suas experiências. Nesse ponto, ele ri alto e diz com sinceridade: "Logo eu! Imagine só! Tudo bem, eu arranjo alguém para escrever o livro. Mas na verdade seria bom escrever algumas páginas à noite, ou ditar..." É possível ouvir seu anseio quando ele diz que se imagina sentado na luz do pôr do sol diante da barraca, cercado por cheiros desconhecidos e um barulho que não lhe diz respeito, e escrevendo algo "altamente satisfatório".

Ele fica admirado com a fantasia do anseio, que ele permitiu surgir. Ele compreende bem que aspira à solidão: sua vida no momento está muito agitada. E diz:

> Quando eu era jovem, passava muito tempo pensando na vida e no universo, como costumamos dizer. É disso que sinto falta, é algo que realmente gostaria de fazer novamente. Quero ser uma pessoa inovadora, mas também uma pessoa reflexiva. Isso é o que imagino, isso faz parte de uma boa vida, faz parte de quem eu sou, e isso foi jogado para escanteio nos últimos anos.

E ainda: "Ultimamente, tenho pensado que, quando alguém envelhece e caso tenha dinheiro suficiente para a velhice, deve de alguma maneira passar suas habilidades adiante". Até esse ponto, ele não tinha considerado o Afeganistão. "É claro, passá-las adiante para pessoas que também são gratas por isso; isso é muito importante para mim, e agora estou fazendo muito pouco nesse sentido. Quero passar adiante – como um presente. E com isso, eu poderia alegrar outras pessoas". Ele ri ao dizer que é importante para ele que sempre venham novos adolescentes ou crianças com vontade de aprender, e vê a conexão com seus próprios filhos, que agora estão prestes a "deixar o ninho". Não haverá mais filhos em sua vida. Mas não só essa transmissão de habilidades é importante para ele, mas também as boas conversas, das quais espera extrair um sentido para a vida; a excitação com o conhecimento de uma nova cultura. E essa empolgação e essas experiências também precisariam, por sua vez, ser passadas adiante: na forma de um livro. Essa fantasia inicialmente o deixou surpreso – mas então ele descobriu que adoraria imensamente passar adiante tudo o que ele já vivenciou, e, por isso, um livro seria algo significativo. Ele admite que escrever um livro seria a coroação de sua vida. "Tenho anseio por algo completamente diferente, e por algo que me pareça totalmente significativo".

Esse anseio, que é um anseio pelo que ainda está por vir em sua vida para que se torne uma boa vida, revela uma necessidade de mais silêncio, de mais tempo livre para se reconectar consigo mesmo. No entanto, também desnuda o tema da generatividade em sua vida, o desejo de passar algo para as novas gerações. Ele não tinha consciência de que esse tema lhe fosse tão importante. Ainda não consegue fazer todas essas coisas – mas pode arranjar mais tempo livre para refletir. A fantasia, no entanto, não o deixa mais. Ele imagina repetidamente o que poderia construir no Afeganistão. Ele se encontra com pessoas que trabalham em obras de assistência humanitária para tornar suas fantasias mais concretas. Mas ele também continua se imaginando sentado sob a luz crepuscular, diante de sua barraca, e escrevendo sobre a importância desse "passar adiante" e sobre o que ele mesmo obtém com isso. E, também, como ele fará uma turnê de lançamento do livro na Europa e arrecadará dinheiro para o seu projeto; e, às vezes, também imaginando como poderia se tornar famoso. Esse pensamento o agrada menos. Mas seu interesse foi despertado. Seu anseio provavelmente se realizará de uma maneira um pouco modificada.

Temas de vida ocultos em experiências complexadas

"Quando alguém fala comigo de cima para baixo, fico furioso" – uma reação de complexo.

Klaus, 40 anos, diz: "Mesmo que eu faça todo o esforço, use todos os truques: quando alguém fala comigo de cima para baixo, fico furioso, ofensivo, preciso sair para não me tornar violento. Isso é especialmente irritante ao lidar com servidores públicos; todos eles me tratam com desdém".

Nessa experiência, o que está ligado a um complexo é o fato de essa reação ocorrer repetidamente, e a raiva ser desproporcional e incontrolável. Ela o domina quando alguém "fala com ele com ar de pouco caso", ou seja, quando ele percebe alguém como poderoso ou autoritário, e atribui a essa pessoa a intenção de querer subjugá-lo. Se isso corresponde ou não à realidade, ou é algo que se deve mais à sua percepção distorcida, é outra questão. Onde uma esfera ligada ao complexo é tocada, nossa percepção é estreitada no sentido desse complexo. E experiências semelhantes são rapidamente interpretadas de acordo com o complexo. Aqui se aplica o esquema: "Sempre foi assim e sempre será assim".

No entanto, é difícil supor que realmente todos os funcionários públicos tratem Klaus de maneira condescendente. Mas alguém que sofre de um complexo de autoridade (que é o caso aqui no sentido mais amplo) perceberá pessoas autoconfiantes como autoridades. Outro aspecto do complexo é que a emoção associada a essa experiência é "desproporcional", não é apropriada à situação de relação ou de comunicação. É uma reação exagerada. Aqui se revela um problema de vida – mas também um tema de vida oculto? No comportamento guiado por complexos, encontramos inicialmente mais um problema de vida do que um tema de vida. No entanto, na concepção de C.G. Jung, que desenvolveu a teoria dos complexos, observa que eles contêm um tema vital, que também é um tema de desenvolvimento. Um tema de vida que, ao ser realizado, a enriquece.

Complexos: centros de energia da vida psíquica[3]

Complexos são experiências de relacionamento conflituosas, internalizadas e generalizadas. Eles são emocionalmente carregados e estão associados a um tema de relacionamento específico. São mais ou menos reprimidos. Se a emoção ou o tema são tocados no cotidiano, o complexo se constela: ou há uma reação emocional exagerada, ou absolutamente nenhuma reação. A percepção do mundo acontece no sentido do complexo ("Todos me

---

3.Sobre a descoberta do conceito dos complexos, cf. Anexo.

tratam de cima para baixo...”). O comportamento não é livre; ele é determinado e controlado pelo complexo, está sujeito a uma compulsão de repetição.

Cada evento carregado de afeto se torna um complexo. Quando os temas ou emoções ligados ao complexo são abordados, todas as conexões inconscientes são ativadas – na psicologia junguiana, usa-se o termo “consteladas” – juntamente com a emoção de toda a história de vida e das estratégias de defesa daí resultantes, que se desenrolam estereotipadamente. Quanto maiores a emoção e o campo associativo de significado a ela pertencente, mais “forte” é o complexo, e mais outras partes psíquicas, especialmente o complexo do eu, são colocados em segundo plano. Nessas situações, não se consegue mais controlar as emoções, não é possível refletir tranquilamente sobre uma situação, apenas reage-se.

Complexos e, em seguida, também os episódios ligados ao complexo têm um passado, uma base emocional. Um bebê é exposto, desde o início da vida – até mesmo intrauterinamente –, às emoções e sentimentos da mãe, do pai e de outras figuras de referência, mediante movimentos, vozes e, mais tarde, expressões faciais. E o bebê não tem meios de escapar disso; é infectado pelas emoções das pessoas de referência. Isso significa que as emoções associadas aos episódios ligados a um complexo, como, por exemplo, o medo, existem muito antes que narrativas sobre tais episódios possam ser formuladas, muito antes de alguém poder narrar uma situação que tenha causado um medo tão grande, uma situação que tenha sido tão embaraçosa, humilhante. Muito antes de as emoções serem expressas em palavras ou imagens. Essas infecções emocionais precoces são a base das reações complexadas e têm uma influência na formação dos complexos.

Os complexos referem-se aos pontos suscetíveis de crise no indivíduo. Eles provocam, por um lado, uma inibição da vida. Ao agir de uma maneira emocionalmente exagerada e estereotipada, que não condiz com a situação atual, a pessoa fica privada de liberdade em sua vivência e sua conduta. Essas reações revelam certo excesso da história de vida. A defesa contra a emoção associada resulta em comportamentos e experiências estereotipadas. Contudo, nos complexos também estão presentes "germes de novas possibilidades de vida" (OC 8/1, § 210). Eles são centros de energia de onde provém a atividade da vida psíquica.

Todas nós temos complexos – no entanto, Jung aponta que é, antes, o contrário: os complexos nos têm (OC 8/1, § 210). Nessa formulação, torna-se evidente que a liberdade de vontade termina onde começa o território do complexo. Em outras palavras, quanto mais emoções estão ligadas aos nossos complexos, menor é nossa liberdade de vontade quando esses complexos são ativados (OC 8/1, § 200). Complexos contêm uma tendência à generalização: experiências ligadas a complexos são generalizadas. "*Todas* as pessoas *sempre* olham" para Klaus de cima para baixo. Mas ter complexos é um "fenômeno normal da vida" (OC 8/1, § 211); eles são as "unidades vivas da psique inconsciente" (OC 8/1, § 202).

Isso significa que os complexos são, na visão de C.G. Jung, expressão de problemas de vida nos quais temas de vida centrais se tornam evidentes. São expressão de problemas de desenvolvimento, de temas de inibição que também são temas de desenvolvimento.

A importância dos símbolos

Outro ponto crucial abordado por Jung em sua teoria é a conexão entre os complexos e os sonhos: "... eles [os complexos] são as pessoas agentes em nossos sonhos..." (OC 8/1, § 202) e: "A psicologia dos sonhos mostra, com toda nitidez desejável, como os complexos aparecem personificados quando nenhuma consciência inibitória os suprime" (OC 8/1, § 203). Isso toca na conexão entre complexos e símbolos, uma ligação que Jung considerava muito importante desde cedo, por exemplo, em 1916 no ensaio "A função transcendente" (OC 8/1, § 131-193), em que ele designava os conteúdos emocionais (complexos) como ponto de partida para fantasias, ou seja, para a formação de símbolos. "Na intensidade do distúrbio afetivo reside [...] a energia que o doente deve ter disponível para reparar o estado de adaptação reduzida" (OC 8/1, § 166). Assim, toda perturbação, todo problema, contém também uma energia específica que pode ser utilizada. Jung vê a psique, já em 1916, como um sistema autorregulador, um sistema cujo objetivo é um equilíbrio dinâmico.

A conexão entre complexo e fantasia é expressa com mais clareza ainda em 1929 no texto "Os problemas da psicoterapia moderna" (OC 16, §125): "O complexo forma, por assim dizer, uma pequena psique fechada, que [...] desenvolve uma atividade de fantasia própria. A fantasia é, em geral, a atividade autônoma da alma, que emerge em todos os lugares onde a inibição pela consciência diminui ou simplesmente cessa, como no sono. No sono, a fantasia se manifesta como sonho. Mas mesmo acordados, continuamos a sonhar abaixo do limiar consciente, e isso muito especialmente devido aos complexos reprimidos ou de outra forma inconscientes" (OC 16, §125). Com "complexos de outra forma inconscientes", Jung se refere a conteúdos que se constelam desde o inconsciente, ou seja, conteúdos que inicialmente não eram conscientes.

Os germes de novas possibilidades de vida que se revelam nos complexos, germes criativos, surgem quando os complexos não são reprimidos, quando o indivíduo se concentra no estado de ânimo, no sentimento ou na emoção e, nesse processo, percebe as fantasias que emergem e lhes dão forma. Esses germes se manifestam, em última instância, nos símbolos. Os símbolos são tanto expressão dos complexos como também são local de processamento dos complexos. Nos símbolos, os complexos, por um lado, tornam-se visíveis; e, por outro, fantasiam-se nos símbolos, por assim dizer.

A observação de que no distúrbio afetivo reside a energia necessária para o doente é significativa para as diversas técnicas, como imaginação, pintura, jogo de representação, jogo de areia e outras mais, usadas na terapia junguiana para tornar os complexos conscientes e, assim, permitir uma transformação. No entanto, quero destacar aqui outra possibilidade de lidar com os complexos: a busca de temas de vida ocultos neles. Para identificá-los, devemos primeiramente nos ocupar com o surgimento dos complexos.

Como surgem os complexos?

Numa conferência de 1928, Jung fala sobre a origem dos complexos. Ele diz: "Ele [o complexo] surge evidentemente do choque entre uma exigência de adaptação e a natureza peculiar e inadequada do indivíduo frente a essa exigência" (OC 6, § 926). Com essa definição, o aspecto relacional na formação do complexo é trazido para o centro.

Após essa definição abstrata, Jung então fala sobre o complexo dos pais como a "primeira manifestação do choque entre a realidade e a natureza inadequada do indivíduo nesse aspecto" (OC 6, § 926). Como regra, a exigência de adaptação provém de pessoas; isso, portanto, significa que, estrutural e emocionalmente, em nossos complexos se reproduzem as histórias de relacionamento de nossa infância, como também da vida posterior.

Em conexão com as conclusões da teoria do apego, podemos acrescentar que se trata de um conflito doloroso numa situação em que uma criança precisava de uma experiência de apego, de cuidado e auxílio, mesmo que estivesse se comportando de maneira contrária ao agrado dos pais. Sempre que as experiências se tornam episódios de complexos, trata-se do fato de que a pessoa foi abandonada – numa situação de desafio especial, ou no contexto de exigências em que a criança precisava de figuras de referência que fossem cuidadosas, apoiadoras, pelas quais ela se sentiria amada, mesmo quando houvesse feito algo que não foi bom aos olhos das pessoas de referência.

Complexos podem surgir durante toda a vida do indivíduo. No entanto, a maioria dos complexos, incluindo aqueles que se desenvolvem mais tarde, está associada a complexos anteriores. Dois polos representados nas pessoas se chocam. Assim, dois indivíduos estão frente a frente: uma criança e uma figura de referência. Chamo estes os dois polos do complexo: o polo infantil e o polo adulto (geralmente o polo do pai, da mãe ou do irmão). Porque o complexo se forma a partir do choque com uma figura de referência, ele também pode se fragmentar facilmente. Quando um episódio de complexo é constelado, por exemplo, na situação analítica, o analista pode, de repente, agir como a pessoa de referência desse episódio, representando, portanto, uma pessoa de referência da infância, enquanto o analisando se torna a criança pertencente a esse quadro. Evidentemente, nesse caso, a situação é marcada por complexos; e é possível que complexos do analista sejam tocados. A história de relacionamento se repete, sem que inicialmente seja possível uma mudança. Ocorre uma cisão colusiva do complexo (Kast, 1998, p. 296-316; 2019).

Episódios de complexos

O conceito de complexos apresenta grande semelhança com o conceito de "representações de interações generalizadas", as assim chamadas *RIGs* (*Representations of Interactions that have been Generalized*: representações de interações que foram generalizadas) desenvolvido por Daniel Stern (1992, p. 143ss.). Ele parte da "memória episódica", descrita por Tulving como uma lembrança de vivências e experiências reais (Tulving, 1992, p. 381-403). Esses episódios lembrados podem dizer respeito a eventos cotidianos totalmente banais, como tomar café da manhã, mas também eventos emocionais importantes, como, por exemplo, nossa reação à notícia do nascimento de uma criança, entre outros. Na memória episódica, ações, emoções, percepções etc. são lembradas como uma unidade indivisível em si, embora aqui seja possível focar em aspectos individuais, como a emoção. Quando episódios semelhantes se repetem com frequência – por exemplo, seio materno, leite, cheiro, saciedade e satisfação no caso de um lactente –, esses episódios são então generalizados, o que significa que a criança espera que, também no futuro, esses episódios comparecerão dessa maneira. Esse episódio generalizado não é mais uma lembrança específica, mas "contém diversas memórias específicas. [...] Ele representa uma estrutura do curso provável dos eventos, baseada numa média de expectativas" (Stern, 1992, p. 142). Isso, é claro, desperta expectativas que podem ser frustradas. De acordo com Stern, essas RIGs surgem de todas as interações, são unidades básicas da representação do si-mesmo nuclear e transmitem ao bebê o senso de ter um si-mesmo nuclear coerente, o fundamento da vivência da identidade.

Entre este conceito de RIGs e o conceito de complexos pode-se estabelecer uma conexão, especialmente ao considerar que, segundo Jung, três componentes – percepção sensorial, componente intelectual e tom emocional – são experimentados na consciência como uma unidade (cf. OC 3, § 79s.).

A teoria da memória episódica é uma possibilidade de explicação sobre como os complexos, em geral, são armazenados na memória como representações. Isso também esclarece que os complexos são constelados e reativados em situações específicas que se assemelham a esses episódios marcantes, mas também podem ser suscitados por sensações associadas a esses episódios, ou por emoções que lembram os episódios marcantes.

Quando relacionamos as RIGs com o conceito de complexos, torna-se evidente que os complexos não abrangem todas as possíveis RIGs, mas apenas aquelas em que situações difíceis foram generalizadas. Esse conceito leva em conta a experiência de que as expectativas originadas de memórias ligadas a complexos raramente correspondem a um único episódio lembrado. Os complexos raramente se originam de uma única situação traumática. Eles representam realmente uma expectativa generalizada, que mostra que vivência e comportamento complexados resultam do fato de que semelhantes interações entre as figuras de referência e a criança estão se repetindo com frequência. Embora seja importante e possível lembrar episódios de complexos – como a imagem de um pai com um olhar severo, que, gigantesco, ergue-se sobre uma criança minúscula que desejaria desaparecer no chão e, com a garganta travada, não consegue articular uma palavra devido ao medo – não se está dizendo que esse episódio tenha sido vivenciado exatamente dessa maneira. Entretanto, ele permanece significativo como imagem do complexo, como imagem de um episódio generalizado – vinculada a uma emoção que foi vivenciada como significativa. Esse aspecto é particularmente importante porque, ocasionalmente, a essência, a conduta e a presença concretas dos pais são inferidas de imagens de complexos de uma maneira totalmente unidimensional; ou seja, a imagem da fantasia é igualada à imagem real da pessoa. É claro, esses episódios têm algo a ver com a presença real dos pais, expressa na interação, mas eles não podem ser simplesmente considerados idênticos (Kast, 2014).

Outra conexão entre ambos os conceitos é que os complexos podem surgir ao longo da vida, mas também podem ser trabalhados em qualquer fase dela (Stern, 1992, p. 380). Há, nesse contexto, uma reflexão terapêutica que aponta para pontos em comum nesses conceitos. Ao trabalharmos sobre temas de vida marcados por complexos, não é necessário remeter à situação originária. Basta que se vivencie um episódio que aponte para o complexo. Por exemplo, por meio de um complexo constelado, como uma situação relacional moldada pelo complexo na terapia, é possível que uma situação anterior da infância seja lembrada, uma situação que passa a sensação de ser "igual". Pode-se trabalhar com isso. Não é necessário buscar a situação mais inicial, porque cada situação complexada evidencia o episódio generalizado, com as percepções e sentimentos a ele associados e principalmente as emoções a ele vinculadas. Para Stern, é importante, nesse contexto, encontrar o "ponto de partida narrativo", a metáfora chave (Stern, 1992, p. 364). Ele considera que buscar uma "versão original" que, teoricamente, deveria ser indissimulada, é um processo sem fim e com poucas chances de sucesso: porque, de fato, um dos principais problemas nessa tentativa é efetuar uma transcrição de episódios pré-verbais para verbais (Stern, 1992, p. 363). O mesmo se aplica à versão originária da formação do complexo. Em última análise, não sabemos exatamente quando as formações de complexos ocorreram, e algumas delas certamente aconteceram num momento em que a criança ainda não podia expressá-las verbalmente. A "versão originária" não é encontrável. No entanto, isso não é necessário; basta apenas uma situação complexada que possa ser vividamente lembrada e narrada.

Esses conhecimentos têm implicações para o trabalho sobre constelações de complexos. Do ponto de vista da teoria dos complexos, é crucial compreender os símbolos, especialmente também as interações simbólicas: os símbolos refletem os complexos. Isso significa tentar imaginar o complexo como episódio, sensorialmente, utilizando todos os canais da percepção e com a emoção associada a ela. O complexo se manifesta em situações que percebemos como situações chave para entender nossa vida e nossa personalidade, em típicos episódios de conflitos relacionais que podem se mostrar no cotidiano ou na situação terapêutica, mas também em sonhos e imaginações. Em particular, os dois polos do complexo podem ser vistos. Um dos polos, a saber, o polo adulto, é quase sempre projetado. Ao narrar com máxima vivacidade possível essas situações-chave como episódios, é possível fazer inferências sobre a vivência da criança. Isso ajuda a se colocar de volta na situação da criança e entender as dificuldades e os sofrimentos da situação marcante. Além disso, também é possível extrair inferências sobre a vivência e o comportamento da figura de referência na situação marcante, com a qual, o indivíduo, como adulto, ao menos em situações em que o complexo está constelado, também se identifica (Kast, 2019, p. 196ss.) e cuja parte ele, como adulto, obviamente também desempenha.

Tomar consciência desta identificação e assumir a responsabilidade por ela é extremamente difícil, mas é um pré-requisito necessário para que um comportamento complexado mude e, portanto, também os complexos mudem. A partir destes episódios-chave, também podem ser tiradas conclusões sobre a forma de interação no âmbito do complexo, juntamente com os sentimentos ambivalentes associados. Se for possível ver e vivenciar os choques formadores de complexos em imagens simbólicas, serão lembrados cada vez mais episódios que levaram à formação de um complexo e à transferência do comportamento complexado para outras pessoas que não as figuras de referência originárias. Portanto, o tema da associação desempenha um papel também nas pesquisas e descobertas mais modernas. Porém, no início da pesquisa de Jung, essas associações e transferências se referem à área de narrativas, histórias e imaginações. Situações-chave são compartilhadas com outra pessoa na narrativa mais vívida possível. Contar e ouvir formam uma unidade; e, quanto melhor a escuta, melhor poderá ser a narração. Quando contamos histórias, estamos num mundo de representação, no mundo da imaginação, das fantasias. É uma esfera psíquica em que o mundo externo e o mundo interno se unem. Estamos num espaço de transição que, além disso, compartilhamos uns com os outros. Neste espaço pode acontecer que as imagens sejam vertidas em palavras e também alteradas.

A associação muitas vezes possibilita o acesso a um tema do complexo; as narrativas sobre o complexo como um episódio de relacionamento difícil ou traumatizante possibilitam trabalhar o complexo. Não basta apenas obter informações sobre difíceis experiências de relacionamento; precisamos de histórias narradas. As pessoas devem, pela imaginação, voltar a se colocar nas experiências que elas tiveram e narrá-las da forma mais emocional possível, agora como adultos. Assim surge uma experiência com a qual se pode trabalhar; então surgem imagens que podem mudar, especialmente também porque as pessoas descrevem essas experiências de relacionamento como adultas, e também porque recebem ajuda para refletir sobre essas experiências, o que lhes permite ter uma perspectiva externa. Se continuarmos sempre narrando nosso sofrimento sem que seja possível qualquer mudança, estas experiências do complexo tornam-se ainda mais solidificadas, talvez até mesmo fixadas neuralmente.

No caso de Klaus, um complexo é constelado quando alguém o trata de cima para baixo. Este complexo o inibe no cotidiano, ele não consegue interagir eficazmente com outras pessoas. Ele não consegue reconhecer um tema de desenvolvimento, apenas que precisa anular esse complexo. Mas é isso que ele não está conseguindo fazer.

Vivência e comportamento ligados ao complexo no dia a dia

Klaus relata:

Eu queria comprar um novo computador, ainda quero. Eu entendo bastante sobre isso, me informei e encontrei um computador que atendia às minhas necessidades. Eu precisava de uma informação a mais – a respeito de segurança. Procurei um vendedor e finalmente encontrei um, mas ele estava conversando com uma cliente sobre algo pessoal e não me deu atenção. Algo assim sempre me irrita; portanto, eu já estava bem irritado, mas consegui controlar minha raiva. Quando finalmente ele se voltou para mim, e eu fiz minha pergunta, ele disse: "Na hora de comprar um computador, suas primeiras considerações devem ser outras". E ele começou com considerações básicas que eu já havia feito tempos atrás. Eu lhe disse que já tinha pensado em tudo. Então ele disse: "Todos dizem isso, e depois reclamam". Fiquei muito furioso, disse a ele: "Você é o vendedor mais incompetente que já conheci". Então me virei e fui embora. Acho minha reação apenas um pouco exagerada. Era necessário reagir. Mas o assunto não sai da minha cabeça. Faz semanas que penso nesse embate. Me pego imaginando como eu espancaria esse vendedor – e sou contra violência. Por outro lado, fico chateado comigo mesmo. Por que não fui arrogante também e comprei o computador? Continuo sem um computador novo. Estou bloqueado, imaginando que todo vendedor é arrogante do mesmo jeito. Esse episódio não sai da minha mente, está me perturbando seriamente, afetando meu trabalho. De alguma forma, sinto que estou pior do que o normal.

De modo nenhum, Klaus considera inadequada sua reação nessa situação concreta. O que o perturba é que não consegue esquecer a ofensa, o fato de que a situação continua retornando à sua mente, e ele se enfurece novamente.

Isso é típico de uma experiência que toca num complexo central: ou ela não sai da mente, ou então a lembrança dessa experiência é completamente perdida, ou seja, a experiência é esquecida. Quando ficamos irritados, sentimos que nossa autopreservação ou nosso autodesenvolvimento são prejudicados (Kast, 2014). Para nós, isso não está em ordem, e a raiva nos diz que precisamos confrontar essa situação. Klaus viu sua autoestima afetada; e sua reação o impediu de comprar o novo computador. Mas como ele pode pôr isso em ordem? Dificilmente ele conseguirá que o vendedor o trate melhor. A raiva tornou-se disfuncional. Klaus se aborrece consigo mesmo por não conseguir esquecer a raiva. A raiva se tornou banal e perdeu seu sentido no sistema psicológico. Isso é um âmbito do complexo.

Vale perguntar: há um episódio ligado ao complexo que explique essa constelação do complexo e permita um trabalho sobre esse complexo?

Klaus: "Como criança, a gente tem uma vivência de todos os adultos, e talvez até mesmo dos irmãos, como algo que vem de cima para baixo, simplesmente porque são muito maiores". Klaus lembra que gostava particularmente de uma tia, pois ela se ajustava à sua altura quando conversavam: ou o colocava sobre uma mesa, ou ela se agachava. Essa lembrança faz supor certa sensibilidade em relação ao tema. Continuamos nossa busca de uma situação-chave para esse complexo.

Ele se lembra de uma experiência na igreja que foi altamente desagradável e certamente marcante.

> Estávamos na igreja. Eu tinha mais ou menos dez anos. Não estávamos prestando atenção no pastor, mas beliscando uns aos outros. Havia uma regra: ninguém podia mostrar que tinha sido beliscado e, de jeito nenhum, gritar ou algo assim. Quem não seguia essa regra era excluído do jogo. Achávamos essa brincadeira muito legal e estávamos orgulhosos de nos divertir sem sermos descobertos pelos olhos do pastor. Mas, de alguma forma, isso causava uma agitação considerável. Após o culto, o pastor se plantou na nossa frente e nos repreendeu. Não lembro o que ele disse. Mas guardo na memória como ele olhou para mim com um rosto arrogante e disse: "Eu não esperava nada diferente de você, seus irmãos sempre se comportaram mal mesmo". Eu fiquei muito bravo e triste, mas não sabia o que poderia ter feito. Os outros provavelmente ficaram feli-

zes pelo fato de a tempestade ter se concentrado em mim. Quando contei ao meu irmão, ele disse com uma mistura de raiva e tristeza: "Eles sempre estão sempre de olho na gente, somos pobres, somos muitos filhos e nosso pai bebe".

E então Klaus se lembrou de muitos outros episódios ligados ao complexo que iam nessa mesma direção: eram ofensas desmerecidas, muitas vezes no contexto familiar, que o deixavam mudo, com desespero e raiva. Em todo caso, ele não encontrou nenhuma reação que lhe desse uma sensação boa e fosse apropriada para a situação.

Posteriormente, o próprio Klaus se tornou uma autoridade – mas ele não se lembra disso por nenhum momento. "Basta que alguém, seja homem ou mulher, incline a cabeça de certa maneira, e eu novamente me sinto pequeno e feio, tratado com injustiça, desprezado e estourando de raiva". Ele reflete sobre o passado: "Desde pequeno, ficou claro para mim: eu preciso subir na vida com meu trabalho". Isso é exatamente o que ele fez; ele é muito bem-sucedido em sua carreira. "Eu preciso subir na vida", esse foi seu tema de vida que surgiu desse complexo central. Ele queria compensar essas experiências ruins, garantir que seus filhos não sofressem com o estigma de uma família ruim. Esse tema de vida não pode ser questionado: está, por assim dizer, esculpido em pedra. E ele muda pouco na interação com figuras de autoridade.

Episódio ligado ao complexo e tema de vida

Podemos trabalhar nesse episódio de complexo. Klaus narrou uma história. Ele consegue facilmente se pôr no lugar da criança daquela época, ou seja, no polo infantil do episódio de complexo. Ele ainda se sente assim quando alguém o trata de cima para baixo, com arrogância. No entanto, um episódio de complexo é interiorizado como um todo: o polo do agressor também desempenha um papel em nossa psique. O que o agressor diz em nossa imaginação, muitas vezes nós o dizemos a nós mesmos, especialmente quando não estamos satisfeitos conosco. Klaus também costuma dizer para si quando não consegue atender às suas altas expectativas: "Não se pode esperar nada diferente de você, você vem de uma má família". No entanto, ele, com frequência, também demonstra essa atitude em relação a outras pessoas, não usando o argumento da má família, mas se elevando acima dos outros e desvalorizando-os para se valorizar. "Eu desprezo todos esses jovens que puderam se acomodar num ninho feito pelos pais. Quando a vida ficar difícil, todos eles vão fracassar". Klaus despreza para não ter de invejar.

Ao narrar um episódio de complexo que tocou profundamente e continua a marcar o indivíduo, uma experiência é inserida numa história emocional que pode ser compartilhada com outra pessoa. Especialmente pela narração, essa história pode agora desencadear novas associações; ou seja, introduzem-se novos pontos de vista, e novas experiências emocionais se tornam possíveis.

Ao se colocar no lugar da criança e retornar pela imaginação a essas situações específicas, a pessoa revive como se sentiu como criança nessas situações específicas. E ao se colocar no lugar do adulto, que a não ser por isso geralmente permanece na projeção, ela descobre onde ela própria se identifica com esse agressor ou essa agressora. Tanto o comportamento expresso no polo infantil quanto o comportamento expresso no polo adulto precisam ser sacrificados. No dia a dia concreto, o indivíduo precisa se recusar a adotar o comportamento correspondente quando se torna consciente. Ele o consegue mais facilmente quando percebe claramente em quais situações ele está particularmente vulnerável a cair nesse comportamento, ou seja, em quais situações o complexo se constela. Então, ele saberá quando precisa se cuidar. Se conseguir controlar esse comportamento, a vida não consistirá mais em vítimas e agressores, e ele poderá moldar a própria vida (Kast, 2019). Os desejos da criança no episódio do complexo que foram frustrados pelo conflito podem revelar o tema de vida.

O que Klaus teria desejado naquela época, aos dez anos?

> Eu gostaria de ter sido tratado como todos os outros. Hoje eu diria: Mesmo que nós estivéssemos perturbando, o padre poderia ter nos tratado com respeito. Mas, acima de tudo, ele não deveria ter me repreendido pelo comportamento dos meus irmãos e, muito menos, com isso, pela

minha origem. Eu deveria ter dito isso a ele. Eu não pude me defender, e ninguém o fez por mim. Posso imaginar que existe um pai ou uma mãe que iria até o padre e lhe pediria explicações, defendendo a criança. Eu nem mesmo contei nada em casa, falei apenas com o meu irmão. Só hoje percebo que poderia ter contado. Mas provavelmente não teria adiantado nada.

O tema de vida que compensou esse complexo era: "Eu quero *subir* na vida com meu trabalho". Esse tema de compensação tornou-se sua determinação e lei; ele estava confinado a esse tema de vida. De fato, ele teve sucesso: ele subiu na vida com o trabalho, e ninguém mais o repreendeu por sua origem. No entanto, desenvolver esse tema de vida não foi suficiente para alterar o complexo.

Outro tema de vida que surgiu do desejo da criança de poder se posicionar nessa situação difícil era: Eu quero poder me defender. Eu quero poder ficar do meu lado, mesmo que as pessoas ao meu redor não achem bom. Talvez a criança não tivesse esse desejo naquela época, mas o fato de Klaus hoje atribuir esse desejo à criança de outrora indica, pelo menos, que esse desejo existe na fantasia hoje e pode ser relacionado a essa experiência. Assim, mais um tema de vida se revelou: Eu quero poder me alegrar, mesmo que de vez em quando haja aborrecimento.

Ao conseguir um controle cada vez melhor sobre seu comportamento em situações que ativam o complexo, e ao identificar novos temas de vida que complementaram seu tema de vida central de sucesso no trabalho e trouxeram impulsos completamente novos para sua vida, a reação complexada de Klaus perdeu força. Assim, ele pôde dizer: "Há pouco tempo, encontrei um homem que fazia meu sangue ferver de raiva. Quando imaginei isso, tive de sorrir e então interagi com ele de maneira totalmente normal".

Ao estudarmos e trabalharmos sobre episódios de complexos, deixamos de lado muitos aspectos. Quando um episódio ligado ao complexo como este do décimo ano de idade de Klaus é contado, é razoável supor que tal episódio seja, sim, um episódio generalizado que inclui experiências anteriores; mas ainda existem outras experiências que não estão sendo consideradas. Portanto, em cada episódio de complexo que aponta para temas de vida, podemos estar perdendo algo importante. A seguir, não mencionarei isso, nem alguns outros aspectos terapêuticos e diagnósticos. Pois, no meu contexto aqui, o fundamental é a concentração nos conflitos expressos no complexo, assim como nos temas de vida nele contidos. Sensibilizar para esse aspecto é importante para mim – também enquanto técnica terapêutica.

Temas de vida que se mostram em conflitos cotidianos

A seguir, usando algumas constelações de complexos que são encontrados em grau mais ou menos marcado em muitas pessoas, vou mostrar que nesses temas conflituosos há temas de vida ocultos – e como esses temas podem ser revelados. Minha intenção é, por um lado, direcionar o foco para os temas de vida e as aspirações vitais relacionadas a eles e que estão ocultas nesses problemas. Por outro lado, tenho a esperança de que o ocupar-se com as histórias e as emoções relacionadas possa convidar à identificação e ter um efeito homeopático. Como todos esses episódios de complexos estão ligados a emoções, cada uma dessas histórias também estimula a confrontação com uma ou mais emoções específicas.

"Eu sempre saio perdendo"

Uma mulher de 42 anos, que chamarei de Laura, foi diagnosticada com câncer. Ela passou por uma cirurgia e, logo após a operação, reclamou que todos os outros estavam recebendo psicoterapia, mas ela não. No entanto, isso não era verdade: um terapeuta psicossomático que trabalha na clínica onde ela estava sendo tratada, fica à disposição dos pacientes. Como Laura estava enfrentando algumas dificuldades no relacionamento com os médicos, foi seriamente recomendado que ela buscasse ajuda psicoterapêutica, e, se necessário, também fora da clínica.

Ela seguiu esse conselho. No entanto, o tema principal não é inicialmente a doença do câncer – como seria de esperar. A doença, o impacto dela em sua vida, o luto pela integridade (Kast, 2014), estão evidentemente no plano de fundo do episódio ligado ao complexo a ser discutido, mas inicialmente não são abordados. Cada episódio de um complexo está inserido num contexto de vida atual. O trabalho sobre um episódio de complexo proporciona uma nova qualidade de vida. E quando é possível desvendar o tema de vida associado a ele, isso também proporciona uma nova perspectiva de vida, mesmo que grandes problemas de vida iminentes não possam ser resolvidos, como o problema da doença nesse caso em questão.

Laura inicia a conversa: "Isso, de novo, é totalmente típico para mim: Sempre saio perdendo. Quando estou de férias, sempre recebo a pior toalha de banho, o pior quarto, a pior mesa no restaurante – e agora ainda essa doença, que não podia ser pior".

Isso soa como a generalização de um problema. Ela acabou de voltar de férias na praia, e eu pergunto se ela já conferiu isso que falou sobre a toalha de banho.

Sua reação: "Nem preciso conferir, eu já sei!"

E então ela relata outras situações de vida em que foi e está sendo prejudicada. Aqui estão alguns exemplos típicos: "Eu também recebo um salário baixo em todos os empregos". Quando pergunto se ela discute essa questão salarial, ela responde: "Não adianta." E então: "Ninguém me nota, ninguém se aproxima de mim. Eu não sou respeitada. E tenho certeza de que também estou recebendo o pior tratamento para o meu câncer, e você também não falará com o oncologista".

Laura demonstra esse sentimento de vida de estar sempre perdendo. Ela fica desagradavelmente irritada. Ela transmite a ideia de que o "mundo inteiro" sempre a trata injustamente – incluindo a mim, como analista, embora eu ainda não tenha tido oportunidade de falar. Eu entendo que seu comportamento pode causar rejeição nas pessoas que têm de lidar com ela. Devido a essa constelação do complexo, ela joga a culpa nos outros com incrível rapidez, dando-lhes a impressão de que a estão tratando mal. Pelo menos eu precisei me distanciar desses sentimentos que rapidamente recaíram sobre mim. Consegui fazer isso porque fiquei muito espantada com o fato de a doença não ter sido o tema principal; e eu estava interessada em descobrir quais experiências poderiam estar por trás desse comportamento e vivência complexados.

Cada complexo tem uma história de origem

Perguntei se ela podia se lembrar de situações de sua infância em que ela percebeu claramente que estava sendo prejudicada. – Só existiam essas situações. Não havia outras. Essa foi, resumidamente, a resposta dela.

Laura relata: Em casa eram cinco crianças, ela era a mais nova, as outras quatro tinham uma ligação estreita com os pais. Todos eles eram muito apegados entre si: "Os outros estavam sempre fazendo alguma coisa juntos. Para mim, isso significava: 'Você não pode participar, você é muito pequena, ainda é muito burra, você precisa esperar'". Nessas situações, ela se sentia chateada, zangada, mas também solitária, excluída. "Era simplesmente claro que os outros tinham mais do que eu, uma vida melhor.

Eu então ficava irritada e tinha uma inveja imensa dos mais velhos – e eu ficava imaginando todas as coisas que os 'mais velhos' (seus irmãos e irmãs) podiam fazer".

O que ela imaginava?

"Que eles podiam ter sorvete, chocolate, Coca-Cola, enfim, tudo o que na verdade nunca tínhamos em casa. Cinco crianças dão despesa, e meu pai não ganhava muito".

Para realmente trabalhar sobre os complexos, é útil lembrar um episódio ligado ao complexo e também desenvolvê-lo na imaginação. Pergunto sobre uma história que ela tenha vivenciado e que claramente lhe tenha mostrado como ela sempre estava em situação de perda.

Um episódio ligado ao complexo

Era segunda-feira de Páscoa. Os alunos estão fazendo uma procissão até a igreja. Todos os outros tinham sapatos e roupas novas. Só eu que tive de usar os sapatos da minha irmã. Todos os outros irmãos tinham sapatos novos. Só eu, eu tinha sapatos velhos. Todos tinham roupas bonitas – eu não. Eu usava roupas das minhas irmãs. Eu era uma verdadeira Gata Borralheira. Quando perguntei sobre o tempo, ela me disse que nevou quase o dia todo.

Mas na minha imaginação, o tempo está muito bonito. Todos estão tão bonitos – e eu tão feia. Eu não me sinto nada bem. Estou completamente infeliz. Hoje eu diria que estava com inveja. Pelo caminho todo, eu fiquei pensando em como poderia estragar as roupas bonitas das outras crianças. Pensei se poderia respingar tinta num vestido da minha irmã, ou se poderia tentar alguma coisa usando a tesoura. Mas eu não tinha nem tinta nem tesoura. Eu estava com muita inveja – e com raiva; eu estava furiosa com as outras crianças em situação melhor que a minha, com meus irmãos, com minha mãe. Mais tarde, também desenvolvi uma grande raiva do meu pai: se alguém ganha tão pouco, então não deveria ter cinco filhos, já que realmente não pode sustentá-los.

Ela pensa com frequência nessas procissões de Páscoa, e de modo especial, é claro, na Páscoa, e se compadece de si mesma, achando que era uma criança pobre – justamente uma Gata Borralheira. Ninguém via isso, nem fazia nada para resolver. Pensar nessa injustiça ainda desperta grande raiva nela até hoje.

Outro episódio ligado ao complexo:

É domingo. Todos os outros estão dando um passeio dominical. Eu, não sei por quê, estava de mau humor. Os outros foram sozinhos para o passeio dominical. Eles deveriam ter se preocupado mais comigo, então talvez eu tivesse ido junto. Eu me senti muito, muito sozinha e fiquei cada vez mais triste e emburrada, imaginando o que os outros estavam fazendo juntos e o que estavam ganhando, quanta alegria estavam tendo. Sim, eu pensava em chocolate e sorvete. Eu sempre comparava, e ainda continuo comparando, e sempre percebo que saí perdendo – sempre. E então eles voltaram para casa, muito satisfeitos, e nem se esforçaram muito em saber como eu me sentia. Eles simplesmente estavam satisfeitos. Hoje eu diria que eles não tinham nenhum sentimento de culpa!

Minha pergunta sobre se os outros deveriam ter sentimentos de culpa a deixou bastante desconcertada: "Claro, porque eles não se importaram nem um pouquinho comigo". Pedi-lhe que representasse graficamente esse episódio do complexo, o que é algo útil. Acima de tudo, isso mostra que o complexo foi interiorizado como um todo, que mesmo aqueles que estavam na posição de agressores não são simplesmente pessoas "externas", mas também foram internalizados e que o comportamento deles corresponde – na maioria das vezes inconscientemente – a um comportamento da pessoa em questão no âmbito do complexo. Às vezes, a própria representação revela indícios importantes. Por exemplo, Laura não se deu conta de que havia desenhado a si mesma duas vezes: como membro da família, da qual ela se sentia excluída; e também como a excluída, a solitária. O desenho poderia estar indicando que ela não se sentia constantemente excluída, como ela percebe em sua vivência complexada. No entanto, tal reflexão só pode ser expressa após um trabalho sobre o complexo.

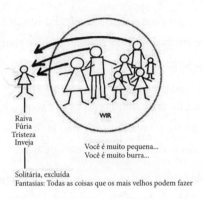

Raiva
Fúria
Tristeza
Inveja

Você é muito pequena...
Você é muito burra...

Solitária, excluída
Fantasias: Todas as coisas que os mais velhos podem fazer

Pôr-se no lugar de cada um dos polos do complexo

Na sua situação de vida atual, Laura está quase exclusivamente identificada com o polo infantil do seu complexo: ela ainda sente que está sempre em desvantagem, tal como ocorria quando era criança. Ela ainda vê o mundo a partir dessa posição. Ela continua se comparando. A comparação ainda é desfavorável para ela. "Nunca recebo tanto quanto imagino que os outros têm". Ela se sente com inveja e irritada: a vida é completamente injusta. As experiências negativas que teve e continua a ter são generalizadas e moldam suas expectativas. Por isso, ninguém tem a oportunidade de lhe proporcionar uma experiência melhor. Do ponto de vista dela, é como se ninguém se esforçasse por ela.

Ela pode facilmente assumir a posição do provocador de inveja – o restante de toda sua família, que ela ao longo da vida expande para quase todas as outras pessoas com quem tem contato. Quando questionada se conseguia sentir empatia por esta parte da família, ela diz que isso não é difícil para ela: "Se eu olho para mim mesma com os olhos da minha família, então tenho pena desta menina, mas enorme desprezo por essa criança eternamente insatisfeita e invejosa. Eu triunfaria: estou entre os melhores".

A constelação de relacionamentos retratada no episódio do complexo também atua no âmbito intrapsíquico: na posição do agressor, é também representada a maneira como nós nos atacamos a nós mesmos. A partir da posição do provocador de inveja, ela se despreza como a eternamente insatisfeita, invejosa e chata. De maneira comparável, também julgamos os outros a partir da posição de agressor. E, no caso dela, isso significa que ela despreza outras pessoas. "Aliás, eu também desprezo aqueles que acham que estão sendo prejudicados, ou que realmente são prejudicados. Eles não conseguem fazer nada na vida. Aliás, gosto de causar inveja nos outros – casualmente, deixo escapar como eu trabalho pouco para ter meu dinheiro ou menciono o destino de uma rápida viagem de fim de semana...".

Laura sabe muito bem qual é a sensação de se identificar com o lado do agressor, mas seu sentimento de vida vem, mais provavelmente, da identificação com o polo infantil do complexo. E ela formula esse sentimento de vida da seguinte maneira: "Todos devem finalmente perceber que estou constantemente sendo prejudicada, que tenho o direito de ficar irritada. Eles devem finalmente assumir a responsabilidade por tudo".

A quem ela se refere com "eles"?

"Ninguém em particular, mas deve haver uma justiça equitativa. O fato, porém, é que ninguém assume a responsabilidade por essa história, ninguém se esforça. E, além disso, agora eu também tenho essa doença".

Tanto podemos trabalhar com uma análise intensiva sobre esse episódio ligado ao complexo, quanto destacar brevemente um tema de vida.

O mundo trata Laura como uma madrasta, tanto agora como antes, segundo suas próprias palavras. E é por isso que ela sente inveja – com razão. A inveja (Kast, 2020) é o sentimento que temos quando não estamos de acordo conosco mesmos. Os outros têm uma vida melhor. Nós mesmos fomos criados por uma madrasta, enquanto a boa e grande mãe generosamente derramava sua cornucópia sobre os outros – e isso parece injusto e nos enche de raiva. Ao mesmo tempo, sentimos uma grande pressão interna para sermos melhores do que os outros. Existem pessoas que, fundamentalmente, não podem estar de acordo consigo mesmas e, portanto, estão tão cheias de inveja que só com grande dificuldade é possível atacá-la. No entanto, essa inveja precisa ser atacada, pois ela pode ter efeitos muito destrutivos. É claro, existe também a inveja mais cotidiana, conhecida por muitas pessoas. Sentir inveja deve ser visto como um convite a nos questionarmos se não poderíamos ser uma pessoa diferente. Aquilo que desperta nossa inveja poderia ser algo que talvez desejemos realizar em nossa vida? Ou ela simplesmente nos mostra que estamos fazendo muito pouco com nossa vida? Que talvez estejamos nos acomodando – e, então, invejamos aqueles que perseguem um interesse, uma paixão? Isso geralmente exige um empenho realmente grande. Ou será que nossa inveja nos mostra que temos uma imagem equivocada de nós mesmos? Que precisamos corrigir nossa autoimagem, talvez ser um pouco mais modestos, sacrificar as fantasias de grandeza que não podemos mais realizar – e descobrir de maneira mais realista quais são verdadeiramente os temas atuais de nossa vida? Seja qual for a resposta, sempre se trata de nos tornarmos uma pessoa generosa – e podemos fazer isso, porque sempre temos também o suficiente, talvez não tanto quanto aquele ou aquela, e também talvez até mais, mas definitivamente o suficiente para nós mesmos.

Laura achava que o mundo a tratava como uma madrasta. E, conforme descobrimos mais tarde, ela tratava a si mesma e aos outros da mesma maneira. No entanto, seu anseio era que o mundo a tratasse maternalmente. Como "o mundo" geralmente não faz isso – já mencionamos a mentalidade do cuidado – ela precisa ser capaz de cuidar bem de si mesma, tornar-se complacente consigo mesma e com os outros. Em vez de sentir inveja, ela precisa se tornar generosa, reconhecendo que ela não é apenas aquela pessoa que constantemente sai perdendo. A generalização causada pelo complexo, o sentimento de ser prejudicada constantemente e em todos os lugares, precisa ser substituída por uma diferenciação: sempre há situações em que sentimos que fomos prejudicados, e há também situações em que realmente fomos prejudicados. Sentimentos de tristeza por causa disso podem nos ajudar a entender essa "situação de sair perdendo" como uma ocorrência normal na vida e voltar nosso olhar para onde não nos sentimos prejudicados. No entanto, isso é difícil, porque os sentimentos ruins vêm espontaneamente – uma herança evolutiva – enquanto os bons sentimentos exigem nosso esforço. E isso não é fácil. Porque é preciso ter uma razão para se esforçar por bons sentimentos; é preciso amar a vida e estar, pelo menos um pouco, entusiasmado com a ideia de autocuidado.

Tornar-se generosa poderia ser um tema de vida importante para Laura. Ela confirmou: Se os outros tivessem sido um pouco mais generosos, teria sido mais fácil para ela, e ela não seria tão invejosa agora. Inicialmente, Laura não tinha sensibilidade para um olhar sobre temas de vida, permanecendo numa postura acusatória e identificando-se com a posição de vítima.

A expressão simbólica para o episódio ligado ao complexo

Laura forneceu uma indicação simbólica de seu episódio ligado ao complexo sobre a qual talvez seja possível trabalhar. Ela disse que se sentia como Gata Borralheira. A seguir, ofereço um resumo do conto de fadas com os elementos relevantes para nosso contexto. No apêndice deste livro, o conto de fadas pode ser encontrado na versão transmitida pelos Irmãos Grimm.

A Gata Borralheira tinha uma mãe que ela vivenciou apenas como boa. Essa boa mãe morre. No leito de morte, ela faz sua filha prometer que será sempre boa e piedosa. A Gata Borralheira precisa agora se desligar de uma mãe somente boa, ao que inicialmente ela resiste. Durante esse processo, a situação só vai piorando para ela: somente quando a mãe morre e o pai se casa novamente – com uma mulher que tem duas filhas – é que ela se torna verdadeiramente uma Borralheira. Ela sofre zombarias e maus-tratos das meias-irmãs e da madrasta, e quase não é percebida pelo pai. Ela é forçada a fazer todo o trabalho e dormir nas cinzas. Por isso, a menina é chamada de Borralheira.

Sua vida entra cada vez mais em crise e se torna cada vez mais dramaticamente cinzenta. Um dia, o pai vai a uma feira, mas antes pergunta o que deve trazer para as filhas, incluindo a Gata Borralheira. Ela deseja o primeiro ramo que tocar o chapéu do pai. O pai traz esse galho, e ela o planta junto ao túmulo da mãe, onde ele imediatamente começa a crescer. E embora, no plano simbólico, algo novo esteja claramente crescendo, enraizando, ficando verde... a vida cotidiana afunda cada vez mais na crise.

Os insultos e desvalorizações atingem o ápice quando a Gata Borralheira também deseja ir ao baile do filho do rei. Para piorar, é-lhe prometido que ela poderá ir se conseguir separar as lentilhas, mas a promessa não é cumprida. Mas então ocorre uma reviravolta: a Gata Borralheira, em determinado momento, não pede mais permissão, mas vai até o túmulo da mãe e diz à arvorezinha que cresceu do galho: "Arvorezinha, sacode e chacoalha, joga em mim ouro e prata". Então, ela é vestida com roupas maravilhosas, vai ao baile e conquista o príncipe para si.

Laura e eu discutimos o conto de fadas, principalmente para descobrir se ela pode se conectar emocionalmente ao tema de desenvolvimento: se as imagens do conto de fadas podem reviver imagens de esperança em Laura.

Gata Borralheira aparentemente teve uma experiência positiva com a mãe antes de esta falecer e por isso pode – após alguns descaminhos – cuidar de si mesma e ser maternal consigo mesma de uma boa maneira. Essa experiência materna positiva se manifesta no conhecimento de que o pai pode trazer um ramo e que isso pode gerar algo útil: a semente de uma situação de vida nova, melhor; o ramo que, por meio do desejo da jovem, já está enraizando e crescendo muito antes de a crise atingir seu ponto mais alto, ou mais baixo. No ponto mais baixo da desesperança, Gata Borralheira não mais se opõe à mudança e confia nos recursos que lhe são acessíveis por meio da relação com sua boa mãe – simbolicamente expressa no conto de fadas pela visita ao túmulo junto ao qual se encontra a arvorezinha auxiliadora.

Laura fica irritada com a benevolente e tolerante Gata Borralheira: diz que ela certamente também é invejosa, poderia se defender, deveria se opor às irmãs autoritárias e arrogantes, que primeiramente a transformam em Borralheira. Laura se identifica com essa existência de Gata Borralheira. "Realmente não fui longe na vida". No entanto, há esperança no conto de fadas. O pai traz um ramo – e dele cresce a árvore que fornece a ajuda que Gata Borralheira necessita. "Mas para mim não há esperança. Eu não tive uma mãe assim".

Não há mudança nem mesmo na identificação com as imagens do conto de fadas. Ela gostaria de ser maternal consigo mesma e com os outros, gostaria de ser generosa. Às vezes, ela consegue um pouco. Isso a faz se sentir bem. Mas e quando a pessoa já foi tão prejudicada...? Não é possível focar imediatamente no tema de vida, embora ele seja óbvio e possa melhorar significativamente a situação de vida. É preciso trabalhar sobre o episódio do complexo.

Complexos mudam quando os temas do complexo são desconstruídos. A posição de vítima não leva a nada, pois "o mundo" não fornece justiça equitativa. A identificação com a parte agressora também não leva a lugar algum: desprezar-se, desprezar os outros, causar inveja nos outros – nada disso oferece uma alternativa que faça sentido. Ambas as atitudes, assim como o comportamento que decorre da identificação com esses polos do complexo, devem ser sacrificados uma vez reconhecidos. É preciso perceber esse comportamento e recusá-lo. Em seu lugar, é possível colocar mais no centro o tema de vida associado ao complexo, que também pode ser entendido como um tema de desenvolvimento.

Laura entende que pode se identificar bem com cada um dos polos do complexo. Ela também compreende quanto se menospreza ao se identificar com a vítima deste complexo. Ela nota que talvez nem sempre esteja em desvantagem, que é bastante bem-sucedida e até mesmo pode causar inveja em outras pessoas. No entanto, ela ainda não está disposta a sacrificar essas posições.

Ela percebeu que a identificação com a posição de vítima lhe dá uma sensação de poder. Ela diz, por exemplo: "Posso me dar ao luxo de ser tão acusatória". No entanto, está claro para ela que, com o comportamento daí resultante, ela irrita ou afasta as outras pessoas. Para ela, é difícil renunciar à posição de vítima e evitar agir a partir dessa posição. Mas pequenas mudanças nessa direção às vezes trazem notáveis melhorias na convivência com outras pessoas. Laura pode apontar sucessos com isso, tanto na terapia quanto na vida cotidiana. Ela conta:

> Pensei em ir ao oncologista como vítima e deixá-lo com um pouco de sentimento de culpa. Mas, em seguida, refleti que na terapia descobrimos que esse comportamento geralmente me faz mal. Portanto, fui lá, cumprimentei-o normalmente, não excessivamente amigável, e só perguntei: "Como estão os resultados?" Ele me relatou, e depois perguntou: "E o que mais anda fazendo?" Normalmente, ele tentava se livrar de mim o mais rápido possível. Até mesmo essa arrogância que às vezes tenho, esse desprezo pelos outros – isso também não leva a nada.

Concordamos que ela simplesmente precisa parar com isso sempre que perceber esse comportamento em si mesma. E, de tempos em tempos, ela conseguia. Esse trabalho sobre o episódio do complexo alterou seu comportamento, e ela teve novas experiências de relacionamento: as pessoas não reagiam mais de maneira tão fria com ela. No entanto, também alterou suas lembranças[4]. A nova situação emocional geralmente permite que o passado seja visto de maneira nova. Se as emoções se tornam mais amistosas, as lembranças também podem ser mais amistosas, e as coisas que foram boas podem ser lembradas. Nas palavras de Laura, isso soa assim: "Talvez minha família não tenha sido tão ruim, não é mesmo?".

Depois que ela fez essa pergunta, chamei sua atenção para a representação que ela mesma fez do episódio ligado ao complexo. Então ela percebeu que aparecia duas vezes nesse desenho: como vítima, mas também como membro dessa família. Isso alterou sua visão da família: agora ela conseguia também se lembrar de episódios que não eram marcados pela comparação e pela sensação de sair sempre perdendo. Ela achou que sua família realmente tinha, de fato, uma considerável alegria de viver, apesar da pobreza, e mais tarde a pobreza também não era tão opressiva. A generalização de suas experiências, provocada pelo complexo, foi questionada tanto para a vida cotidiana, quanto também na memória. Agora ela conseguia diferenciar: onde ela sai perdendo, onde não.

4.Em pesquisas que compararam narrativas de memórias da infância no início e no final da terapia, foi observado que essas memórias eram contadas de maneira diferente, especialmente de modo mais reconciliador. Cf. Eckstein (1976, p. 212-223).

Onde ela realmente saía em desvantagem, e onde não. Mesmo que em sua família ela tenha vivenciado escasso cuidado maternal, a maioria das pessoas experimenta algum tipo de apoio maternal em algum lugar. Isso também pode ser vivenciado fora da família. Essa vivência oferece a base para que a pessoa possa ser maternal consigo mesma, cuidar de si mesma e, a partir do sentimento de riqueza interna, também ser generosa.

E Laura queria isso: tornar-se generosa. No início, ela conseguia isso ocasionalmente, mas com os dentes cerrados. Por óbvio, ela teve muitas recaídas na inveja e na comparação destrutiva – mas ela vivenciou como se sentia muito melhor ao se tornar generosa e como era mais bem aceita pelas pessoas. Outra coisa também mudou: ela não esperava mais que "o mundo" proporcionasse justiça equitativa. Ela mesma se encarregou disso e pensou: "Se já tenho uma doença grave, posso me conceder uma alegria adicional".

Ao longo do tempo, ela formulou três temas de vida que ela, em face de sua doença, queria realizar o mais rápido possível:

"Quero me tornar maternal – para mim e para os outros".

"Quero permanecer na memória dos outros como uma pessoa generosa, especialmente de meus irmãos, caso eu morra logo".

"Quero tomar decisões de cuidar bem de mim mesma e dos outros".

E se ela realmente ficar em desvantagem em algum momento? – Isso certamente acontece na vida real.

"Então, serei o velho monstro, mas espero que apenas por um momento".

Claro que o trabalho sobre o complexo e o foco no tema de vida não são suficientes para fazer desaparecer uma problemática de inveja tão intensa como se mostra na configuração desse complexo. Mas pode-se trabalhar de maneira eficaz sobre isso. Pequenas mudanças na experiência e no comportamento não devem ser subestimadas: não raro, elas têm um grande impacto na vida de uma pessoa.

De alguma maneira, sempre sou deixado de lado

O tema do abandono se manifesta de várias maneiras em episódios de complexos. Vínculo e separação são necessidades fundamentais do ser humano. O vínculo é vital, especialmente nos primeiros anos do bebê, mas também mais tarde, motivo pelo qual o medo de ser deixado é um medo fundamental do ser humano. No entanto, na vida, é impossível evitar ser deixado para trás, por exemplo, por uma pessoa que morre; como também é impossível evitar deixar outras pessoas para trás – como quando os jovens adultos saem de casa e deixam os pais. Tanto o vínculo quanto a separação são fundamentalmente importantes para o desenvolvimento humano, e por isso muitas pessoas desenvolvem complexos na ampla área da condição de abandonado. Cada uma desenvolve sua estratégia para lidar com esse complexo. Aqui, o que interessa especialmente é descobrir quais são os temas de vida ocultos nesses episódios de complexo de abandono.

Eu sempre tenho de abandonar

Uma mulher de 28 anos, que chamarei aqui de Doris, buscou terapia por causa de um problema de relacionamento. Ela anseia por vínculos estreitos. No entanto, assim que um relacionamento se torna realmente mais íntimo ou mais comprometedor, ela é tomada por uma raiva inexplicável e encerra o relacionamento. Eu a faço entender que a psicoterapia nessas circunstâncias é difícil, se não impossível. Ela também me informa que eu sou a terceira terapeuta que ela procura. Quando ela se liga um pouco ao terapeuta, ela sente essa raiva sufocante. Daí, ela abandona a terapia. Eu digo algo de forma descontraída: "Você me abandona, antes que eu possa abandoná-la".

Conversamos sobre sua vida. Ela me conta que teve – inicialmente – uma infância muito boa. Ela tem dois irmãos, um mais velho e um mais novo. Doris era muito apegada à mãe; narrou muitas experiências boas com ela, que parecia confiável e calorosa, mas também estabelecia limites e desafiava a criança. "Era simplesmente natural que minha mãe ajudasse a lidar com qualquer coisa difícil".

"No caso de emergência, lá estava a mãe, que ajudava, consolava, repreendia". Ela descreveu não uma mãe idealizada, mas uma mãe firme: "Ela também me repreendia de vez em quando". Quando Doris tinha oito anos, sua mãe sofreu um acidente fatal. Ela foi fazer compras de bicicleta "bem rapidinho", foi atropelada por um caminhão e morreu imediatamente.

Sempre que eu precisava da mãe, ela simplesmente não estava mais presente. Isso nem sempre era um problema, mas apenas quando eu queria contar algo bonito para ela, ou quando eu estava triste. Meus irmãos também pareciam meio perdidos. Lembro-me de dizermos que estávamos agora completamente por nossa conta. Meu pai também estava perturbado, inacessível, sobrecarregado. Nós irmãos ficamos mais unidos e até nos perguntamos o que deveríamos fazer com nosso pai.

A casa ficou de pernas para o ar, e então o avô materno, que também era viúvo, foi morar com eles. Assim, havia novamente um "centro". "O avô sabia cozinhar bem. Às vezes, contudo, quando ele fazia pratos tão bons, eu me perguntava se talvez ele poderia ser a bruxa de João e Maria disfarçada e nos engordaria para nos devorar mais tarde".

Essa fantasia pode ser explicada pela experiência de morte: uma criança de oito anos vivencia uma morte súbita e que muda totalmente sua vida, como a invasão de algo destrutivo, incontrolável. Isso causa uma insegurança fundamental. A segurança básica que a criança, sem dúvida, tinha anteriormente é perdida. Esse aspecto destrutivo, que é muito difícil de entender, é associado, para ser em certa medida compreendido, a imagens de destruição que a criança já conhecia anteriormente, neste caso, à imagem da bruxa que mimava "João e Maria" e na qual não se pode confiar. A pergunta que está oculta nessa fantasia é: afinal, ainda podemos confiar em algo bom nesta vida?

Nesse contexto, foi crucial que o avô trouxesse a alimentação de volta à família; antes, quase não se comia mais. Ela lembra: "Meu pai dizia: 'Comam chocolate ou o que mais gostarem'. Ele mesmo não tinha fome. O avô trouxe a vida de volta à nossa família com sua comida; nós também voltamos a ter prazer em comer. Talvez tenha sido essa a primeira alegria que retornou".

Ela continua: "De alguma forma, a ordem externa voltou à nossa vida; eu gostava muito do meu avô, mas ele não era nossa mãe. E eu temia que ele também fosse morrer em breve. Ele era velho. Na verdade, ele nem era tão velho, apenas 66 anos naquela época, mas quando se tem oito anos, isso parece velho. Seja como for, ele está vivo hoje até hoje".

O avô preencheu em parte o vazio deixado pela mãe. Ele tornou suportável a separação dramática da mãe. Mas, justamente porque foi tão importante para a criança nessa situação, ela temia sua morte, temia outra separação.

Pergunto a Doris se ela pode se lembrar de um episódio em que sentiu uma falta especial da mãe. Ela lembra:

> Fui ridicularizada na escola porque não estava prestando atenção e não sabia o que o professor tinha perguntado. Achei isso muito injusto. Eu só estava sonhando. Corri para casa e queria desabafar essa tristeza com minha mãe. Aí lembrei que ela não estava lá. Meu sentimento foi: Estou completamente abandonada e perdida neste mundo. Ninguém está aqui para mim! E então fiquei muito zangada, senti uma raiva surda.

> Também fiquei com raiva do meu pai e do meu avô: por que permitiram que minha mãe morresse? Mais tarde, fiquei com raiva da morte. Talvez por isso eu tenha estudado medicina – e quero me tornar cirurgiã de trauma...

Doris consegue se identificar facilmente com o polo infantil desse episódio do complexo: "Eu simplesmente sinto uma raiva imensa. Eu já era uma criança raivosa antes. Eu costumava dizer com raiva para a mãe: 'Você não deveria ter feito isso!' Mais tarde, perguntei ao meu pai: 'Por que você deixou a mamãe morrer?' Na identificação com essa criança raivosa, eu me sinto sozinha e procuro desesperadamente outras pessoas". Mas será que Doris também consegue se identificar com a mãe, que se retirou de repente?

Doris recorda, sobretudo, muitas experiências positivas com a mãe, que ela interiorizou:

> Eu posso me identificar de várias maneiras com minha mãe: posso estar relacionada com outras pessoas, voltada para elas de uma maneira boa – isso eu aprendi com minha mãe. Isso me ajuda muito em minha profissão. Mas de repente, então, eu pareço não estar mais presente. Especialmente em relacionamentos muito estreitos. De repente, eu não existo mais. As outras pessoas acham que estou me retirando abruptamente. Eu sinto mais é que estou perdida. E então a raiva aflora de novo em mim. Eu fico destruída – e os outros me veem como destrutiva.

Como isso se manifesta na vida concreta?

Um relacionamento com um homem da mesma idade começou a tomar forma – na verdade, era uma coisa muito bonita, ela achou. Então, ela escreveu um bilhete e o colocou em seu escaninho. Dizia: "Nossa relação não vai dar em nada". O homem a confrontou, chamou-a de destrutiva, não reagiu com empatia. Ele se sentiu destruído, achava que ela não ainda não poderia saber se eles teriam um futuro – mas ela já sentia a raiva em si própria.

Esse e outros episódios semelhantes ligados ao complexo se constelavam apenas em relacionamentos mais estreitos. Ela tinha muitos contatos com amigos e amigas, buscava relações, incluindo sexuais, com pessoas da mesma idade. Assim que a relação desenvolvia essa maior intensidade, ela sentia essa fúria potente – e terminava o relacionamento. A árdua busca por relacionamentos decorre da experiência de estar sozinha, de ter medo; e, portanto, ela busca por outras pessoas que ajudem a lidar com o medo. Seu problema de relacionamento surge do efeito do complexo de abandono. Quando um relacionamento fica estreito, claramente despertam sentimentos que fazem Doris se lembrar dos sentimentos presentes na relação com sua mãe. Doris se identifica inconscientemente com o polo infantil de seu complexo de abandono. Quando um relacionamento promete se tornar tão próximo, tão satisfatório, se uma atmosfera emocional semelhante àquela experimentada com a mãe se estabelece, então também há o risco de que essa pessoa de seu relacionamento desapareça repentinamente da vida e deixe para trás o desespero; portanto, é melhor nem se envolver. A raiva associada a essa constelação do complexo provoca a separação e torna impossível o relacionamento estreito desejado – mas, em todo caso, Doris provoca essa separação por conta própria; ela não espera pela morte.

Doris descreve um episódio ligado ao complexo e a influência dessas experiências em sua vida e sua escolha profissional. A raiva da criança abandonada é compreensível, mesmo que se torne disfuncional. A raiva encobre o luto. Nela se expressa a tentativa de trazer a mãe de volta; de ainda obter o que necessita, de desafiar isso com meios infantis. No entanto, a morte não se importa com a raiva. Doris não desenvolveu raiva pela mãe – é de supor que ela queira, inconscientemente, preservar as boas lembranças da mãe. Ela direciona a raiva para o pai e o avô, pois eles poderiam ter evitado a morte, segundo sua concepção infantil que, em última análise, é uma concepção confiante. Ambos decepcionaram a confiança em sua onipotência. Com sua escolha profissional, Doris agora se coloca ela própria na luta contra a morte.

Os complexos também dirigem nossos interesses. No início da terapia, Doris estava a caminho de se tornar cirurgiã de trauma. Ela se tornou médica, mas não cirurgiã de trauma. A escolha profissional é expressão de seu complexo central. Por trás dele está provavelmente a suposição de que a mãe teria sobrevivido se tivesse recebido melhores cuidados após o acidente.

Um episódio central do complexo, como o descrito, também é transferido para o processo terapêutico. Por exemplo, Doris perguntou logo após o início de nosso trabalho: "Prometa-me que você não vai morrer durante a terapia!"

Entendo a pergunta dela de duas maneiras: ela estava indagando se poderia se envolver comigo, ou se precisava temer uma repetição de sua experiência de vida traumática. Ela sabe, obviamente, que nunca se pode saber quando se vai morrer. Ainda assim, ela precisa fazer a pergunta. Optei por uma resposta concreta: "Pelo que sei, estou saudável. Mas também não sei quando vou morrer. Você terá de correr esse risco". Em seguida, eu digo:

> Eu também não estarei sempre presente; mas sempre voltarei. E você também vai embora e depois voltará. E você terá, em algum momento, uma raiva surda e vai querer me deixar. Então, iremos conversar sobre isso. Provavelmente, entraremos num processo de luto. E: se eu não posso morrer durante a nossa terapia, então quero que você também não deixe a terapia morrer.

Sugiro que nos suportemos mutuamente por pelo menos meio ano. Mas acabamos trabalhando juntas por muito mais tempo. No entanto, houve várias situações na terapia em que a "perdi" do meu sentimento e ela "emigrou internamente". De repente, ela estava longe, inatingível, e logo depois eu sentia sua raiva abafada. Quando eu perguntava o que estava passando por sua cabeça nessas situações, ela muitas vezes falava em "estar perdida". Jung falava nesse contexto sobre complexos cindidos, causados por experiências traumáticas (OC 3, § 204). Nesse contexto hoje em dia se fala em dissociação. Todas as vezes, fui capaz de indagá-la sobre a raiva que eu estava percebendo, e conseguíamos relacionar o estar-perdida e a raiva ao episódio de complexo sobre o qual estávamos trabalhando. O luto (Kast, 2015a; 2015b), que estava por trás da raiva, podia então ser vivenciado e trabalhado. No processamento do luto, tratava-se principalmente de lembrar as experiências de relacionamento com a mãe que eram sustentadoras e úteis para ela, e ao mesmo tempo experimentar o que a mãe tinha avivado nela e o que ela não precisava dar como perdido, mesmo que tivesse perdido a mãe. O resultado disso: ela percebeu a riqueza de seu relacionamento com a mãe e, ao mesmo tempo, sentiu a grande perda.

Em caso de emergência, está lá a mãe, que ajuda, conforta, repreende.

"perdida"　　　　　　morre

Um tema de vida que molda seu futuro era: "Eu assumo o risco de confiar, mesmo que haja a morte".

E relacionado a isso:

"Quero arriscar a confiança de que outras pessoas não vão simplesmente desaparecer da minha vida".

Outro tema de vida central:

"Quero lutar contra a morte".

Inicialmente, isso tinha relação direta com sua profissão como médica. Mais tarde, ela buscava deliberadamente determinadas situações de vida que considerava revigorantes e pessoas que eram vívidas para ela, junto das quais se sentia também viva.

Então, ela tomou a resolução de aprender a lidar melhor com sua raiva. Certa vez eu lhe tinha dito que a raiva, na verdade, é uma força maravilhosa. Ela própria sempre achava terrível sua raiva. Na raiva e na raiva intensificada, na fúria, há muita energia. Isso também pode ser revigorante. A raiva não precisa ser apenas destrutiva, mas também pode levar à criação.

Como ela poderia aprender a lidar de maneira mais construtiva com a fúria? Ela explicou que precisava de um tempo para si mesma, caso experimentasse essa raiva surda em seus relacionamentos. Ela podia, então, refletir se havia nascido uma proximidade excessiva e se, com isso, seu episódio ligado ao complexo havia se constelado. A raiva se tornou cada vez mais um tópico sobre o qual ela falava com pessoas próximas. Quando falar não surtia efeito, ela saía para dar uma corrida. Mais tarde, ela pensou que poderia talvez aplicar a raiva de maneira ainda mais produtiva: começou a talhar pedras. Ela não precisava mais descarregar imediatamente sua raiva. Ela sabia: em breve será, de novo, hora de talhar pedras. Depois disso, ela poderia falar sobre sua raiva com as pessoas em questão.

Quanto melhor ela conseguia perceber o que estava acontecendo com ela em relacionamentos estreitos, quanto melhor conseguia formular seus sentimentos, especialmente as angústias, mais confiável ela se tornava nos relacionamentos, e se tornava possível ter mais confiança em outras pessoas, mas também em si mesma. A raiva ficava em segundo plano: em primeiro plano, estava uma vida ativa, na qual o importante era sempre arrancar o máximo de vida possível da morte.

"Eu sempre estou presente para os outros, mas nunca há alguém para mim"

Uma mulher de 38 anos, assistente social, que chamarei de Rita, sofre repetidamente com indisposições depressivas prolongadas. Ela já passou por algumas internações em clínicas. Após uma dessas internações, decide iniciar uma psicoterapia. Seu objetivo terapêutico: "Eu estou vivendo abaixo das minhas possibilidades e, na verdade, não quero isso". Com essa declaração, Rita já formula um tema de vida central: "Quero viver as possibilidades que tenho". Ela deseja se realizar tanto quanto possível.

Rita descreve seus casos de depressão:

> Eu me arrasto para o trabalho, ou às vezes nem vou. Tudo é demais para mim, não sei mais para

> que vivo, tudo é tão sem sentido. Nada significa algo para mim, nada me interessa, nada me alegra. Não consigo dormir. Quando estou acordada na cama, não paro de pensar no que fiz de errado. Minha mãe já tinha depressão – acho que é genético, talvez não dê para fazer nada contra isso. O que particularmente me incomoda: faço muito pelos outros, eles até gostam de mim, porém isso não é mais suficiente para mim.

Rita conta que ela "sempre" precisava estar presente para sua mãe depressiva. Perguntei-lhe como eu deveria imaginar isso concretamente, e ela descreve um detalhado episódio de complexo.

Neste ponto, é importante lembrar que episódios de complexos são episódios generalizados. Diferentes experiências emocionalmente semelhantes são agrupadas numa só lembrança. Portanto, pode não ter sido exatamente assim, mas era algo semelhante de tempos em tempos. Mas, emocionalmente, essas lembranças estão alinhadas, capturando de maneira precisa experiências emocionais marcantes.

> Eu tinha entre oito e dez anos. Depois da escola, voltei para casa e queria contar algo para minha mãe. Ela não estava ouvindo. Eu já conhecia essa situação – por isso queria ir embora, para o meu quarto ou outro lugar qualquer. Minha mãe disse: "Não, fique comigo, me conte alguma coisa, me dê um abraço" – ou algo parecido.

Eu: "Você está doente?"

Ela: "Um pouco".

Eu: "Devo falar para o papai?"

Ela: "Ele já sabe".

Meu irmão mais velho, na época com treze ou quatorze anos, entra na cozinha. Sinto-me aliviada. Ele olha para nossa mãe e diz: "Ela está de mau humor de novo" – e vai embora.

Para mim era como se alguém tivesse tirado o chão debaixo dos meus pés. Minha mãe me assustava, eu estava com medo, mas ainda assim precisava fazer algo por ela. Uma sensação de ser exigida: eu precisava segurá-la. Mas como? Meu pai sabe, mas não está presente. Meu irmão também sabe, mas se afasta com um comentário ofensivo. De alguma maneira, eu senti que nós, mulheres, tínhamos que resolver esse problema. Mas como? De alguma forma, na maioria das vezes, eu conseguia – mas não tenho certeza de como fazia isso.

A mãe não escuta, a criança quer aceitar isso e ir embora, mas a mãe não a deixa ir e lhe passa uma responsabilidade difusa, que ela certamente não é capaz de assumir.

Rita se coloca nos dois polos do complexo. Ela consegue se identificar bem com ela própria como criança nessa situação:

Eu quero contar alguma coisa, quero que minha mãe esteja presente para mim. Guardo só para mim o que desejo contar. Isso me deixa raivosa, depois fico com medo, especialmente porque não posso ir embora. Hoje eu diria que era um sentimento muito forte de impotência. Eu também estou confusa. Tenho raiva. Ninguém ajuda. Especialmente meu irmão, que sempre fugia.

Ela também não tem dificuldade de se colocar no polo da mãe do episódio ligado ao complexo: "Eu também vivencio isso com mais frequência agora. Hoje em dia, muitas vezes é demais para mim ouvir o que os outros dizem". Na identificação com a mãe, ela afirma: "Eu não consigo ficar ouvindo, é demais para mim. Mas a criança também não pode ir embora. Enquanto ela ainda estiver ali, algo ao meu redor está vivo". Rita compreende que, nessas situações – e houve muitas delas – ela era para a mãe a ponte para a vida.

O tema central da vida de Rita surgiu principalmente da identificação com o polo infantil do complexo: "Eu quero ajudar os outros a permanecerem vivos. Eu quero ser a ponte dos outros para a vida".

Não consigo alcançar minha mãe.

Fique... Conte para mim...

Ela queria aprender como evitar a impotência e o medo em tais situações. Tornou-se assistente social e trabalha principalmente com pessoas com dificuldades psíquicas, especialmente suicidas e aqueles em risco de cometer suicídio. Seus relacionamentos pessoais são, sobretudo, relações em que ela é a ajudadora. No entanto, ela mesma fica em segundo plano. "Eu ajudo outras pessoas". – "Nos relacionamentos, sinto que a qualquer momento o chão sobre o qual pisamos pode ser arrancado, e então eu preciso reconstruir um chão sem ajuda alguma – principalmente para outra pessoa. A mim ninguém nunca ajuda".

Rita se identifica com seu complexo central. O tema de vida "Quero ajudar os outros a permanecerem vivos", que se desenvolveu a partir dele e que lhe deveria ser útil para nunca mais vivenciar a impotência que ela teve na infância, é generalizado demais. Por isso, a vida de Rita se estreitou a esse único tema de vida, que não traz mais satisfação e também não parece mais significativo. Outros temas de vida igualmente possíveis foram negligenciados. Além disso, esse único tema de vida é especialmente pautado na atenção a outras pessoas. As necessidades próprias podem facilmente sair prejudicadas. Em todo caso, há uma perda de temas de vida cruciais, o que Rita também percebe. Por isso, ela pode dizer que não está explorando plenamente suas oportunidades de vida. A condição depressiva impede que temas de vida importantes e cruciais sejam vividos. Pode ser a hora de permitir que outros temas de vida tenham seu devido lugar. Quando perguntada se, quando criança, ela imaginava o que gostaria de fazer com sua vida, tudo o que ela lembrou foi que queria ser enfermeira. A situação de vida com sua mãe era tão dominante que também sua imaginação foi restringida. No entanto, também é possível que, ainda influenciada pelos sentimentos depressivos, ela só consiga se lembrar do passado no sentido restritivo.

Estamos em busca de temas de vida que se baseiem nessa experiência impactante com a mãe, mas que também sejam essenciais para a própria Rita, e não prioritariamente para outras pessoas.

Na identificação com a mãe do episódio do complexo, emergem os seguintes temas de vida: "Quero poder dizer quando algo se torna demais para mim".

E: "Quero cuidar da minha própria vitalidade".

Mas, acima de tudo: "Quero ter o direito de ter meu próprio chão, tenho o direito de ter meu próprio chão".

Mas o que é ter um chão próprio?

O que é ter a vitalidade própria?

Identificando-se com a criança do episódio do complexo, ela diz sobre o que essas coisas significam:

> Simplesmente fazer o que me agrada. Acho que gostaria de passar um dia inteiro sendo simplesmente infantil; na verdade, gostaria de poder me alegrar novamente, sem inibições. Gostaria de não descartar constantemente os planos que tenho, gostaria de fantasiar sobre eles, mesmo que não sejam mais realizáveis, ou mesmo quando sua execução ultrapassa minhas forças. Se os chãos se romperem um dia, talvez então algo ainda se mantenha!

Rita quer permitir, em última análise, que temas de vida venham à consciência, sentir-se a si mesma em seus desejos, que ela ainda não consegue realmente formular. "Antes de morrer, quero pelo menos descobrir o que quero da vida". Isso é bom. Provavelmente teria sido fácil convencê-la de alguns temas de vida plausíveis. Mas o problema dela é justamente que ela própria deve e também pode descobrir quais temas de vida que, concretizados, poderiam realmente lhe trazer alegria, temas que ela experimenta como significativos. Querer viver sua própria vida, sentir suas próprias emoções, descobrir o que realmente a sustenta na vida – esses foram os temas que ganharam contornos cada vez mais claros ao longo da terapia. Tornou-se importante para ela descobrir o que a fazia feliz. Ela ainda se esforçava muito para alegrar os outros, mas sua própria alegria também se tornou cada vez mais importante para ela. Assim, um tema de vida entre outros apareceu: "Alegro-me com a alegria dos outros, mas também busco o que internamente me traz profunda alegria – sem depender da alegria de outras pessoas". O fato de a alegria e a busca pela alegria terem se tornado tão importantes para Rita leva a inferir que sua condição depressiva também está relacionada à falta de vivência de alegria, de prazer na vida.

Temos, no caso de Rita, uma forma complicada de abandono: Suas necessidades infantis de narrar algo não foram reconhecidas pela mãe. A mãe estava fisicamente presente, mas emocionalmente ausente. Essa é uma situação desconcertante para uma criança. Rita se sentia abandonada mesmo com a mãe estando diante dela. No entanto, ela também não podia se retirar para seu próprio espaço; ela precisava cuidar da mãe, que, de outra forma, teria se sentido, ela própria, profundamente abandonada, entregue a um vazio e falta de vitalidade enormes. Caso Rita ficasse aborrecida ou zangada por causa disso, ela não conseguia expressar esses sentimentos, porque precisava cuidar da mãe, que se encontrava numa situação alarmante. O irmão também não ajudava em nada; ele saía imediatamente do quarto e, assim, também deixava Rita para trás. O irmão frustrava sua esperança de que, juntos, poderiam ajudar a mãe. O sentimento de que a reação do irmão lhe arrancava o chão sob os pés mostra que ela, simbolicamente, não podia mais confiar no chão sob os pés. Mostra que ela ficava no ar e também abandonada, portanto, pela confiança de que, em última instância, há algo sustentador na vida, algo que também é vivenciável quando outra pessoa a apoia nessas situações.

Mas não foram sua decepção e sua raiva que predominaram, mas a necessidade de ajudar a mãe da melhor maneira possível. Nesse sentido, ela se distanciou de sua decepção, angústia, impotência, e talvez também da raiva, e sentiu empatia pelas necessidades da mãe. Esse padrão de relacionamento, em que ela ignora quase totalmente as próprias necessidades para satisfazer as necessidades dos outros, foi aperfeiçoado mais tarde na vida. É verdade, isso lhe deu uma razão de ser, mas ela prestou pouca atenção às suas próprias necessidades, ela mesma se "abandonou" – e isso pode levar a uma estrutura depressiva. Para Rita, ao longo da terapia e ao se conscientizar dos temas de vida pendentes, tornou-se cada vez mais importante perceber suas próprias necessidades. Isso incluía "pequenas coisas", como ela formulou, como, por exemplo, tomar um café quando isso era conveniente para ela, e não esperar que outra pessoa exprimisse esse desejo. A um amigo que a visitava sempre que se sentia "derrotado" ela aconselhou que fizesse terapia e não a visitasse apenas quando estava mal. O amigo ficou magoado e irritado, e ela lhe explicou que ela também queria estar presente na vida de um amigo, pois, do contrário, isso não seria uma amizade. Ela suportou o fato de que ele inicialmente não a entendesse. Para ela, era absolutamente necessário não cometer um autoabandono, ou seja, perceber seus próprios sentimentos e necessidades. Isso não a tornou egoísta: sua empatia, principalmente com pessoas que sofrem, permaneceu em grande parte intacta, mas ela tomou atitude para que ela também estivesse presente em sua própria vida. E isso lhe fez bem. Aos poucos, ela desenvolveu um número cada vez maior de interesses próprios, aos quais se dedicava e que concretizava – e, finalmente, ela achou que não estava mais vivendo tão aquém de suas possibilidades.

"Consigo entender qualquer pessoa que me deixa"

Uma mulher de 35 anos, a quem chamarei de Helga, diz sobre si mesma: "Eu não consigo acreditar que alguém realmente me ache atraente. Eu posso entender qualquer pessoa que me deixa. Sou simplesmente sem graça e sem importância".

Quando questionada se já foi abandonada por alguém importante para ela, ela conta:

> Quando eu tinha dez anos, meu pai deixou nossa família e foi morar com sua outra família. Eu era a favorita do papai, isto é, até aquele momento eu me considerava sua favorita. Isso não era verdade. Meu pai tinha filhos quase da minha idade com outra mulher, mas nós não sabíamos disso. Ele exigia que nós amássemos a nova esposa e os novos irmãos. Eu, com minha mãe e irmã, me sentia repelida, desvalorizada – os outros valiam mais, significavam mais para meu pai. Eu também me identificava muito com minha mãe, que não estava realmente colérica; e eu também vivia a raiva no lugar dela – pelo menos era o que eu pensava. Eu gritava com meu pai quando ele tentava me segurar e o arranhava e o mordia. Mais tarde, minha mãe nos contou que, sim, estava triste e magoada, mas também estava feliz porque finalmente as circunstâncias eram claras e ela podia agora moldar sua vida do jeito que queria. Mas na época ela não nos disse isso. Sua reação

foi apenas morna.

Decidi vingar nossa desgraça em algum momento. Mas não pude. Porque meu pai nos acusava de sermos insensíveis, sem amor, sem generosidade. "Nada mudou, meu bem, apenas agora eu não moro mais com vocês. Você é tão importante para mim como antes".

Foi o que citou Helga com um tom sarcástico na voz. E continuou: "Naturalmente, alguma coisa tinha mudado. Tudo tinha mudado!"

Quando entra em algum relacionamento, Helga se identifica com o polo infantil de seu complexo de abandono. Em primeiro plano está o sentimento de desvalor: o luto e a dor pelo amor traído pelo pai se condensam no obstinado sentimento de sua própria falta de valor. No entanto, ela também se identifica com o pai, que ela imagina como desdenhador. ("Eu entendo qualquer pessoa que me deixa".) Ela se identifica com o agressor. Ela diz: "Com seu comportamento, ele deixou claro que eu, minha irmã e minha mãe não temos valor. Isso ficou profundamente marcado em mim".

Evidentemente, essa história também está associada a uma profunda desconfiança em relação à vida e a si mesma. Como seu pai, a quem ela amava tanto, podia ter uma segunda família? Como ela pôde ter ignorado isso, ela, que pensava conhecê-lo tão bem? No entanto, o que inicialmente estava em primeiro plano não era essa desconfiança abrangente, mas sim a identificação com essa constelação do complexo: ela se sentia desprovida de valor e ela mesma se desvalorizava. Ela se abandonava ao imputar desvalor a si mesma. Em seu comportamento relacional, ela se assemelhava muito ao pai: ela se comprometia com alguém e abandonava – quando bem quisesse. Ela se apresentava como vítima, mas também como perpetradora: essa era provavelmente a vingança que ela havia negado a si mesma quando criança.

Ao se colocar no papel do pai no episódio do complexo narrado, ela o faz dizer: "Eu vou embora quando quero, me uno a quem quero – se isso não agrada a alguém, então é problema dele. Exijo generosidade. Fiquei desapontado com minha filha por ela ter processado tudo de maneira tão dramática e infantil..."

Quando percebe o que disse, ela fica indignada com a monstruosa insensibilidade do pai. Ele não levou seus sentimentos a sério. Ela teria se enganado a seu respeito? Ele não era aquele pai sensível e amoroso que ela trazia na memória até os dez anos de idade? Talvez a mãe o visse de maneira mais realista, considerando-o um terrível egoísta. Será que ela mesma também era egoísta, já que se comportava de modo muito semelhante em seus relacionamentos, embora não estabelecesse famílias? Ao se identificar com o pai no episódio do complexo, o qual atuava como agressor, ela podia manter sua proximidade com ele. Ela vivia sua raiva apenas ao se identificar com a mãe e a irmã – como se estivesse representando ambas, que não conseguiam, elas próprias, manifestar uma verdadeira raiva. Ao recordar com empatia esse abandono, ela sentiu sua própria raiva e seu próprio pesar. Por si própria, não podia ficar raivosa, pois o amado pai a proibira. A raiva "pela mãe" era um meio-termo para ela – para o pai, talvez não, pois ele não devia ter percebido que sua filha estava furiosa "apenas" no lugar da mãe.

Ao se pôr novamente no polo infantil do episódio do complexo, que agora havia sido consideravelmente expandido pelas narrativas e conversas, ela sentiu sua raiva e desespero: "Meu pai deveria ter levado a sério e suportado meu desespero e minha raiva. Se ele quer viver uma vida tão louca, não pode simplesmente exigir que os outros participem disso". Com base nessa experiência, Helga formulou o tema de vida:

"Eu quero levar a sério meus sentimentos e os sentimentos dos outros".

"Eu quero tentar não desprezar outras pessoas".

"Eu quero lidar responsavelmente com relacionamentos".

No entanto, ela também se surpreendeu com a facilidade com que se identificou com o ponto de vista do pai e permitiu que por muitos anos fosse negado valor a ela de uma maneira tão completa e fundamental. Ela viu isso em conexão com o fato de não ter levado seus próprios sentimentos a sério. Com base nisso, ela formulou outro tema de vida importante para ela:

"Eu não permito que outros me neguem meu valor, eu reflito por mim mesma se o que faço é valioso".

"Fico sozinho com minha alegria"

Um homem de 42 anos, que chamarei de Paul, e que trabalha como uma espécie de animador, reage de maneira peculiar ao sucesso:

> Quando tenho um sucesso maior, caio num buraco, fico desesperado, tudo perde o interesse, e então bebo além da conta. Estou convencido de que todos cometeram um erro e que eu não sou bom. Depois de um sucesso moderado, isso acontece menos; não ter sucesso também não é um problema. Nesse caso, eu simplesmente volto para casa.

Isso é surpreendente, pois não ter sucesso normalmente seria um problema para um animador.

Nós concordamos em realizar uma psicoterapia baseada na psicologia profunda. Trabalhamos com sonhos, memórias, confrontamos problemas atuais e tentamos relacionar os sonhos, memórias e novas experiências que ele tem na terapia com o problema que ele deseja resolver.

Uma experiência decisiva de sua juventude não sai da mente de Paul. Inicialmente, ele não a relaciona com seu problema. Para ele, é apenas uma experiência que ainda está presente, que ocasionalmente lhe vem à mente; ele também fala de vez em quando sobre isso quando quer demonstrar como combinava pouco com sua família:

> Eu cheguei em casa, pouco depois de me tornar o aluno mais rápido de nossa cidade – eu tinha vencido a competição de corrida da cidade, o que também foi noticiado no jornal com uma foto. Eu

tinha doze anos na época.

Após a competição, corri para casa. Estava muito orgulhoso, contei à família que tinha vencido, que tudo estaria no jornal no dia seguinte, que me tornaria uma estrela do atletismo, que tinham me convidado para entrar no clube de atletismo – ora, um talento como o meu deveria ser incentivado...

Eu repeti isso várias vezes, provavelmente sempre enfeitando mais, e certamente falando cada vez mais alto.

Minha mãe disse: "Esporte de alto rendimento não faz bem para a saúde".

Meu pai disse: "Faça o que quiser". Em seguida, foi embora sem falar mais nada. Minha irmã disse: "Típico de você: sem inteligência alguma!"

Eu me senti "apagado". Eu pensei comigo mesmo: "Eu só queria que os outros se alegrassem comigo, que compartilhassem da minha alegria, e eles simplesmente viraram as costas". Quando retorno a essa situação, ainda hoje sei o que senti: Ninguém me valoriza, ninguém me ama, ninguém se alegra comigo, ninguém se importa comigo. Ao que parece, meu desejo era que meu pai reconhecesse o meu sucesso.

Como se parece o episódio ligado ao complexo?

Como Paul se vivencia na identificação com os dois polos do episódio do complexo?

Na identificação consigo mesmo como o vencedor de doze anos de idade, ele formula: "Estou contente, radiante, orgulhoso, quero que os outros participem, que também se alegrem; quero ser admirado, pelo menos quero que se interessem por mim. Quero que celebremos juntos. Estou tão satisfeito comigo mesmo e com o mundo".

Na identificação com os pais e a irmã:

"Ele dá nos nervos, é megalomaníaco, quer admiração constante. Não podemos suportar tanto brilho. Mas em nossa família, não somos invejosos, apenas achamos que tudo o mais é muito mais importante. Quando alguém tem sucesso, voltamos nossa atenção para nossas próprias coisas importantes, assim evitamos a inveja..."

Como Paul reagiu a esse desinteresse? De acordo com a teoria, esperaríamos que ele reagisse com vergonha. Quando nos mostramos alegres, quando talvez até nos mostremos maiores do que somos, mas as outras pessoas não conseguem compartilhar essa alegria, então sentimos vergonha. Paul diz:

> Eu simplesmente fiquei furioso. Eu disse para mim mesmo: "No futuro, só vou me interessar por mim mesmo, e eu sempre tentei – não na minha família – ser muito interessante". Mais tarde, aprendi a falar de meus sucessos, que não foram muitos, não apenas no âmbito esportivo, mas apenas de forma muito contida; às vezes não dizia nada. Então minha irmã lia no jornal que eu tinha vencido uma competição. E, de novo,

isso não estava certo. Ela achava que esporte simplesmente não era algo intelectualmente elevado; mas eu poderia ter dito algo. Ela também acha minha profissão muito banal.

Pela identificação com o menino que ele era e pela empatia com o menino de doze anos de seu episódio do complexo, ele percebe que ainda anseia por encontrar pessoas que se alegrem com ele, sem que ele precise encobrir a alegria ou se afogar no álcool.

Quando se identificou com o polo do complexo personificado pelos pais e pela irmã, ele percebeu que, em segredo, ele realmente julga seu trabalho e seu sucesso da mesma forma que eles: sucesso numa empreitada trivial, sem empenho intelectual. Ele também despreza outras pessoas que têm a mesma ocupação, embora seu trabalho lhe traga alegria, interesse e desafio.

Paul entende: quando ele, após um sucesso, cai num abismo no qual esse sucesso não o interessa mais, ou seja, quando ele não está em perigo de se alegrar com esse sucesso e esperar que os outros se alegrem junto com ele, então ele não é mais provocador de inveja, e o "sentimento do nós" permanece, algo que ele deseja muito. No entanto, ele não suporta esse abismo e sente a necessidade de "preenchê-lo" com álcool. Desse modo, mesmo que não consiga compartilhar sua alegria e não receba o reconhecimento a que tem direito, pelo menos ele não é excluído e não é invejado. Ele tenta, de uma maneira um tanto distorcida, preservar sua alegria.

Sua reação ao sucesso, uma reação que ele não consegue entender, é a expressão de um meio-termo: primeiro ele experimenta o sucesso, e depois extrai alegria dele. Embora ele então não se sinta mais excluído, ele próprio se alija de sua alegria de certa maneira. Na verdade, ele sente vergonha de seu sucesso, afunda num buraco, desaparece num buraco, (quando nos envergonhamos, tudo o que queremos é afundar num buraco), bebe – e então sente vergonha de beber. Seus colegas não veem seus excessos de álcool como algo grave; para eles, a dimensão de seu excesso alcoólico é vista como medida de seu sucesso.

Em segredo – e isso demonstra a identificação com o complexo como um todo – ele também nutre um desprezo discreto pelo que faz. "Eu ainda ouço o 'sem intelecto' dito por minha irmã". Nesse meio tempo, a irmã envelheceu e parece se orgulhar de seu irmão. Mas uma rotulação feita na infância pode perdurar até a morte. No entanto, não precisamos preservá-la.

Inveja e reconhecimento

Paul abordou o tema da inveja em sua família no contexto desse episódio ligado ao complexo. Nessa família, a inveja não existia. No entanto, a pessoa não é simplesmente não invejosa porque decidiu não ser invejosa. É louvável que os membros da família tenham percebido que a inveja é um problema. Aparentemente, eles não queriam ser invejosos, não queriam ser destrutivos. No entanto, eles não reconheceram sua inveja, não se questionaram sobre qual demanda estava presente nela. Em vez disso, suprimiram a inveja, dissociaram situações que os deixavam com inveja e, assim, destruíram a alegria do filho e irmão por suas realizações. Porém, mais importante ainda: eles inocularam nele a ideia de que ele não podia ser provocador de inveja, ou seja, de que ele não poderia ter sucesso ou mostrar alegria por seu sucesso. Embora ele não tenha deixado que lhe arrancassem o sucesso, esse sucesso se transformou, silenciosamente, em fracasso, pois levou a uma situação muito vergonhosa para ele. A inveja desempenhou um papel significativo no ambiente profissional de Paul. Uma abordagem "sensata" da inveja teria sido crucial.

"Ninguém reconhece realmente o desempenho do outro – parabenizamos uns aos outros com os dentes cerrados..."

Portanto, seria difícil encontrar alguém nesse círculo que pudesse se alegrar junto com ele, alguém em quem a inveja mais ou menos dissimulada e o comportamento resultante não apagassem a alegria.

O tema de vida, que se torna um problema de vida por meio dessa constelação do complexo, pode ser facilmente descoberto quando os desejos do garoto de doze anos são levados a sério e supridos.

Um tema de vida central poderia ser:

> Eu quero realizar algo, para minha alegria e também para a alegria de outras pessoas, e quero dividir com os outros a alegria por essa realização, quero celebrar com eles - como uma parti-

lha visível de alegria e reconhecimento de minha realização. E também quero ser capaz de ver as realizações de outras pessoas e compartilhar sua alegria com elas.

Além disso, ele quer fazer algo "inteligente" em sua vida, não algo "desprovido de intelecto". Não é apenas o tema da alegria dos outros com seu desempenho bem--sucedido, mas também o tema do reconhecimento fundamental. Pesquisas (Schütz, 2003) mostram que derivamos uma boa autoestima de nossas realizações, desde que sejam vistas e reconhecidas por outras pessoas e por nós mesmos. Informei-o sobre o fato de que ser reconhecido é uma necessidade fundamental das pessoas, como também chamei sua atenção para os resultados das pesquisas. Em resposta, ele afirmou que o tema do reconhecimento era um problema fundamental em sua família: "Meu pai não foi reconhecido, minha mãe também não, minha irmã naquela época também não. Hoje sim. Ela cuidou disso". Fica evidente aqui que, ao trabalhar com episódios de complexos, procedemos a uma redução: as pessoas na posição de agressor também são, por sua vez, marcadas por episódios ligados aos complexos, os quais as fazem reagir da maneira como reagem.

Ser reconhecido pelo pai

No início, no âmbito do contexto do episódio do complexo descrito, o pai foi simplesmente visto como parte do casal de pais, que é conectado à irmã. Os três formavam uma unidade, representando "valores intelectuais". Paul ainda menciona que, sempre que tinha sucesso, sentia-se estranhamente abandonado por seu pai. Ele associava o sucesso à solidão dentro da família. Em suas palavras, ele "pagava" o sucesso com solidão na família.

O que pensa o pai na situação do complexo? "Não quero podar nada nele, mas não consigo suportar tanto brilho! Espero que ele não desenvolva uma patologia!"

Ele não consegue suportar tanto brilho... Isso significa que ele não consegue suportar o sucesso do filho, ou seja, também não consegue reconhecê-lo. E talvez até mesmo uma realização muito boa, da qual o rapaz extraia uma alegria saudável, seja rotulada por ele como algo patológico. Pode ser que haja uma intenção "boa" por trás disso: o jovem deveria permanecer "humilde". Talvez o próprio pai tivesse problema com ideias de grandeza, as quais ele proibia rigorosamente a si mesmo, para evitar cair em depressão caso não conseguisse realizá-las. Isso se alinha com a seguinte associação:

> Na verdade, meu pai me deu bastante liberdade, até demais, mas nunca deu mostras de reconhecer visivelmente meus sucessos, nem mesmo os profissionais. Uma vez, li em Kafka, na *Carta ao pai*, a passagem em que Kafka traz ao pai um livro seu recém-lançado; e o pai, que está jogando cartas, impacientemente diz: "Deixe-o na mesa de cabeceira!" E lá já estavam os outros, que ele nunca tinha lido e também nunca leria. Esse tre-

cho me tocou profundamente, e ainda me toca.
Esse pai simplesmente não se impressionava com
nada. De alguma maneira, essa história deve ter
algo a ver com o meu pai.

Memórias podem ser um pouco alteradas pela nossa
própria história. Por exemplo, em Kafka não está escrito
que o pai não havia lido os livros. Isso foi algo que Paul
acrescentou. O desprezo pelas conquistas do filho torna-
-se ainda maior com essa adição.

Portanto, é necessário introduzir um segundo episódio do complexo aqui: o filho dá o melhor que tem, o
pai não o reconhece – de maneira amigável –, e deixa-o
no vazio. Isso parece ser a forma mais cruel de inveja!
Não receber elogios, não receber críticas – simplesmente nada.

Paul percebe que ele próprio trata a si mesmo com
desdém quando seu sucesso não lhe parece mais interessante. Nessa situação, só resta a possibilidade de entrar
em depressão – pelo menos, tornar-se desinteressante.
Ele está identificado com o polo do pai nesse episódio
do complexo. Obviamente isso nos leva a perguntar se
ele ficou preso nesse episódio inconsciente ligado ao
complexo, ou se a identificação vai ainda além: ou seja,
ele tinha um grande medo antes da decepção, quando
permitia a si mesmo sentir alegria uma vez? Ele secretamente temia não ser mais capaz de lidar com o grande
sucesso que sempre ainda estava por acontecer e assim
ficaria deprimido?

Eu era
maravilhoso
Gostaria de
ser admirado

Isso dá nos nervos
Outras coisas são mais importantes
Não podemos suportar
tanto brilho

Os temas de vida que surgiram do trabalho sobre o episódio do complexo são:

"Quero encontrar alguém que tome conhecimento do que faço, seja com aprovação ou crítica".

"Quero ser uma pessoa que se interesse verdadeiramente por si mesma – mas que também se interesse pelos outros."

Para Paul, foi importante aprender que o reconhecimento é uma necessidade fundamental do ser humano. Ele pensava que precisava de muito reconhecimento, que talvez tivesse um "caráter narcisista". Ele também refletiu sobre se teria facilidade em reconhecer e valorizar outras pessoas e suas conquistas. Faria isso com prazer, ele disse, se os outros também o fizessem o mesmo. No entanto, ele acrescenta que se reconhecesse os outros e não fosse reconhecido, ele se sentiria enganado, e, por outro lado, diz que se comporta de maneira semelhante ao seu pai. No entanto, ele assegura que obviamente não negaria o reconhecimento a um filho.

Obviamente, é desejável um estado em que o reconhecimento mútuo seja possível. Muitas pessoas se deleitam no reconhecimento que recebem; no entanto, não lhes ocorre que outras pessoas também desejam ser reconhecidas. Se todos nós só reconhecemos os outros quando temos certeza de que os outros também sempre nos reconhecem, essa necessidade fundamental não será atendida. É preciso assumir o risco de reconhecer, pelo menos uma vez. Quando se abandona a cobrança mútua, isso se torna mais fácil, pois ser uma pessoa reconhecedora proporciona um sentimento muito bom de si mesmo. Ele também teve de aprender que reconhecimento não é bajulação. Quando somos indivíduos que reconhecem, nós apreciamos o aspecto de uma realização que realmente nos impressiona ou que sabemos que foi difícil para a pessoa. É o respeito por uma realização que não precisa necessariamente nos agradar completamente. Reconhecer algo pode, às vezes, significar acrescentar uma pergunta crítica às palavras de reconhecimento; uma pergunta que não significa um furtivo conhecimento superior ou destruição do que foi conquistado, mas um pensamento crítico e construtivo. Reconhecer algo também pode significar não permitir, pelo menos por um momento, que o "mas acho que..." que está na ponta da língua saia. Quando reconhecemos as realizações de outras pessoas, somos ao mesmo tempo generosos e respeitosos. É uma atitude contra a inveja.

Conforme decidimos em nosso trabalho conjunto, Paul deveria convidar, para seu próximo espetáculo, pelo menos dois amigos ou colegas dos quais ele poderia dizer com alguma certeza que são pouco invejosos. Ele encontrou esses amigos entre pessoas bem-sucedidas em uma área profissional completamente diferente. O acordo era que ele deveria comemorar com eles pelo menos meia hora. Eles acabaram comemorando por duas horas. Aos poucos, ele pôde se permitir a alegria e a expressão da alegria, mesmo que algumas pessoas estivessem visivelmente invejosas. Ele não precisava mais ficar sozinho na alegria e não precisava mais se privar dela. Ele não se sentia mais abandonado quando se alegrava.

Podemos nos sentir abandonados quando o interesse é retirado de nós, especialmente um interesse alegre já esperado. Sentimo-nos também abandonados, deixados de lado, quando não podemos dividir a alegria com outras pessoas.

"No momento crucial, sou deixada de lado"

Este episódio ligado a um complexo foi trazido para um seminário por uma mulher de 58 anos, a quem chamarei aqui de Astrid. Nesse contexto, não se trata de uma situação terapêutica. O texto mostra que experiências de complexos podem, em situações cotidianas, ser reformuladas como temas de vida, sem a necessidade de ajuda terapêutica. No entanto, também criamos temas de vida.

Eles contêm explicações sobre como nossa vida se tornou o que é, e quais intenções e planos temos para o futuro. Eles podem ser facilmente relacionados às experiências de vida emocionalmente difíceis e significativas, às experiências ligadas a complexos. E então nos permitem ver a vida vivida sob a perspectiva de como as difíceis experiências se tornaram pontos cruciais do desenvolvimento e temas importantes da biografia, que ainda terão efeitos no futuro. Isso também transmite a sensação de que a vida melhorou e talvez ainda melhore sempre. Astrid escreve:

> Fatos:
> Tenho cinco anos de idade, meu irmão, nove. Pós-guerra. Dinheiro escasso. Futuro incerto. Meu pai muito rigoroso.
> Uma manhã, a toalha de mesa (provavelmente a única) estava com a borda toda cortada, de modo que estava cheia de franjas, parecia esfiapada.
> Meu pai: "Quem fez isso?"
> Nós dois: "Não fui eu!"
> Meu pai, irritado: "Vou pegar a vara se vocês não disserem quem foi".
> Nós dois, jurando: "Não fui eu".
> Eu sabia que não tinha sido eu, então deveria ter sido meu irmão. Meu pai sai do quarto. Eu tinha medo de que ele tivesse trazido a vara. Minha mãe, parada junto à tábua de passar roupa, insistia comigo. Meu irmão a apoiava.
> Minha mãe: "Apenas diga que foi você. Não é tão ruim para você".

Eu, completamente desesperada: "Mas não fui eu".

Minha mãe: "Não importa, vamos resolver isso logo".

Eu: "E depois? Se ele trouxer a vara?"

Minha mãe: "Ah, ele não vai fazer isso".

Eu: "Ele disse que sim".

Meu pai volta, não me lembro se com ou sem vara; em todo caso, eu disse que tinha sido eu. O que aconteceu depois saiu da minha memória. Eu estava completamente desesperada. Eu não entendia mais o mundo. Eu deveria admitir algo que eu não tinha feito. Eu não entendia mais as regras. Eu estava paralisada de horror, com medo terrível da vara. Eu supus que meu pai faria o que ele dizia. Eu fiz o que minha mãe pedia de mim. Ela era minha mãe e minha referência. Eu só tinha conhecido meu pai seis meses atrás (prisioneiro de guerra). Ele ainda era emocionalmente estranho para mim.

Esse episódio deixou uma impressão muito forte em mim, estava sempre presente e eu achava isso chocante todas as vezes. Ainda hoje me vejo lá de pé, toda agitada internamente, sem entender por que minha mãe queria me entregar a esse castigo com a vara, quando eu não tinha feito absolutamente nada.

Os participantes do seminário ouvem esse episódio ligado ao complexo – e formulam suas reações emocionais a ela. Primeiramente, houve indignação: a menina deve carregar os problemas da mãe. A menina recebe a mensagem de que as mulheres devem se sacrificar para que o filho seja poupado do castigo físico. Foram principalmente as mulheres que formularam essa reação. Dentre os homens, surgiu o ponto de vista um tanto quanto tímido de que talvez o pai fosse mais generoso com a filha do que com o filho. Outro grupo mostrou compreensão pela mãe impotente e sobrecarregada, que talvez tivesse medo da violência.

Este exemplo mostra claramente que tais episódios estão inseridos num contexto de história de vida. O episódio de complexo é como uma ilha nesse vasto plano de fundo. O plano de fundo é a guerra recém-encerrada: há o pai, que estava em cativeiro de guerra e que a garota ainda conhecia pouco. A violência paira no ar: o pai já é percebido com a vara de açoite na mão. A pobreza causada pela guerra também é um aspecto significativo: se a família tivesse muitas toalhas de mesa, a problemática em torno das franjas provavelmente não teria se intensificado.

A mãe, o irmão e Astrid parecem ter medo da reação do "pai estranho", da expectativa de violência. Numa situação de incerteza como essa, procuramos segurança. Até então, a segurança era garantida pela mãe, o vínculo de Astrid.

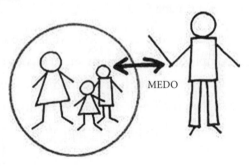

A ligação com a mãe é intensificada pelo medo, e por isso a reação da mãe a essa situação torna-se muito importante para a menina. Também se poderia imaginar que, diante do medo, os três, que antes já haviam dominado a vida juntos, voltassem a formar uma tríade conspirativa. Na verdade, algo importante está acontecendo nesta família: o irmão de nove anos põe para fora sua agressão ao cortar franjas na toalha de mesa. A toalha de mesa também pode ser entendida como um símbolo para a mesa familiar e, portanto, para a "nova" família que se une e se senta à mesa. Talvez ele queira perturbar uma paz enganosa; talvez seja também uma vingança edipiana por ele não ter mais tanto a mãe só para si. Tudo isso são suposições. Pode ser também que ele tivesse uma necessidade estética e quisesse fazer algo para embelezar o cotidiano, e então, assustado com a reação à sua obra, não quis mais defender sua posição.

Plano de fundo do complexo

Astrid se vê exposta ao medo de várias maneiras: ela se sente pressionada pela mãe e pelo irmão a "se sacrificar", sendo assim excluída da relação a três. O irmão "esfiapa" e a mãe "passa a ferro" – e tudo isso às custas da pequena menina. Essa exclusão ocorre numa situação em que Astrid precisa urgentemente da mãe como uma figura de ligação confiável. O medo reativa o comportamento de vinculação da criança – e a mãe era a figura de vínculo confiável. Além disso, Astrid estava até agora comprometida com a verdade: a ordem de valores até então confiável – algo confiável no caos do pós-guerra – é anulada. E ela teme a punição do pai.

Sua emoção: medo, terror, agitação, surpresa. Essas emoções geram confusão: o que ela deve pensar? O que ela deve fazer? Nessa situação, ela reage como a figura do vínculo, a mãe, espera dela – ela não tem outra escolha, pois, do contrário, o medo e a incerteza seriam insuportáveis. A intensidade do medo pode ser deduzida do fato de ela não se lembrar mais se o pai veio com ou sem a vara, nem do que aconteceu depois.

Astrid acredita que alguns de seus temas conscientes de vida se baseiam nessa experiência complexada; por exemplo: "Eu crio para mim um Deus que está do meu lado". Com isso, Astrid havia transferido para um Deus o vínculo confiável que tinha com a mãe.

Como isso aconteceu? Como ela concretizou esse tema de vida?

Ela lembra:

Começou quando, com uns sete ou oito anos, à noite na cama, com os olhos fechados, eu imaginava um rosto de maneira muito intensa. Um rosto relativamente neutro. Eu lhe fazia minha pergunta, contava minhas preocupações, formulava um pedido e esperava. Eu observava o rosto muito atentamente. Ele balançava a cabeça, virava a cabeça, olhava para mim com dúvida ou questionamento, piscava para mim, sorria. Essa comunicação se tornou muito familiar para mim, eu me sentia cada vez mais segura e confiava nisso. E eu simplesmente tinha certeza de que esse rosto era o "querido Deus" e que ele conhece a resposta certa e pode então decidir, para o meu melhor, o que fazer. O resultado foi: eu sempre me sentia bem com as respostas que eu acreditava poder extrair desse rosto.

No ensino religioso da terceira ou quarta série, ouvimos falar de um Deus que nos castiga se xingarmos, que faz algo ruim acontecer se não rezarmos de manhã. Lembro-me exatamente de como levei um susto quando ouvi isso pela primeira vez. Mas então pensei: "Estranho, que tipo de Deus é esse? Deve ser um outro, o meu não faz nada disso".

Com o tempo, eu tinha interiorizado tanto a comunicação com esse rosto que ela já podia ocorrer de outra forma, como, por exemplo, um entendimento repentino, uma ideia, a frase de um terceiro, um sentimento ruim, uma segurança interna absoluta; eu tinha de prestar atenção e me conectar a isso. Mais tarde, os sonhos também entraram em cena. O "bom Deus" era a fonte de onde vinham respostas, sugestões, e isso me fazia acreditar que as respostas ou sugestões sempre estavam associadas à alegria, ou simplesmente causavam alívio ou despertavam em mim curiosidade e interesse para me ocupar com algo.

A autêntica figura de vínculo falhou; o pai ainda não era essa figura, e a criança criou uma nova, imaginária e arquetípica figura de vínculo. A face do "bom Deus" como uma pessoa voltada para ela, a quem ela podia contar suas preocupações e aflições, e que também respondia: ela pode narrar suas histórias emocionais e depois projetar soluções nesse rosto. Ela vivia bem com isso. Essa figura foi então ampliada para a vida interna e externa; e ela, portanto, recebeu muitos sinais sobre como viver a vida corretamente, o que certamente representou um alívio. Astrid é muito consciente de valores. Ela criou um sistema de valores interessante para si mesma: o que provoca alegria e interesse está certo. Se são despertadas emoções que têm um efeito revigorante na vida e dão um novo impulso à vida, então isso está certo para Astrid. A ideia de criar um sistema de orientação que traz um grande incremento de alegria é também inteligente e original.

Mas Astrid também associa outros temas de vida importantes a esse episódio do complexo, como: "Quero ser independente e autônoma, não explorável, não chantageável".

Alguns temas de vida que estavam diretamente relacionados com essa experiência e serviam mais para evitar o medo e justificar suas ações deixaram de ser temas de vida, como por exemplo: "Eu faço tudo para evitar o medo" ou "Melhor falsa harmonia do que uma briga brutal". Astrid consegue relacionar muitos de seus temas de vida a essa experiência de conflito emocional central para ela.

O grupo no seminário também refletiu sobre quais temas de vida poderiam se desenvolver a partir de uma experiência como essa. Aqui está uma seleção:

"Eu quero proporcionar segurança consistente aos meus filhos".

"Eu quero verificar o sistema de valores dos outros antes de agir".

"No futuro, serei mais astuta do que os outros".

"Eu quero ser corruptível e tirar proveito disso. (Irmão, o que você me dá em troca?)"

Em comparação com os temas de vida de Astrid, os temas de vida formulados pelos membros do grupo são claramente menos marcados pela experiência de medo e pela experiência de ser abandonada pela figura de vínculo numa situação importante. Embora se tratem de projeções de participantes individuais do grupo, os temas de vida mencionados encontraram certa concordância dentro do grupo. Eles causaram surpresa em Astrid em alguns casos. Em última análise, os temas de vida não estão relacionados apenas a um episódio de complexo central, mas a vários, mas também às experiências positivas, em última análise, portanto, à personalidade como um todo e a seus potenciais.

Complexos na ampla área do abandono claramente estimulam o desenvolvimento de temas de vida. A partir do sentimento de abandono é necessário agir ativamente; caso contrário, podemos sucumbir. Enquanto compensação, os temas de vida – geralmente já presentes precocemente na vida como ideias orientadoras para evitar novos abandonos – tornam-se restritivos e disfuncionais ao longo da vida, transformando-se em problemas de vida. Quando lidamos então com esses episódios ligados a complexos, muitos temas de vida que abrem caminho para o futuro se tornam vivenciáveis.

"Sou sempre a culpada de tudo"

Uma situação conflituosa descrita por uma mulher: Cinco pessoas que estão organizando algo em conjunto acabam se desentendendo. Algo importante foi negligenciado. Após uma discussão acalorada, segue-se um silêncio frio e desconfortável: todos se olham acusadoramente. Uma mulher, que conhece as pessoas presentes, mas não tem nada a ver com a situação, chega por acaso e diz ansiosamente: "Não sou culpada". Todos a olham com surpresa e confirmam, um tanto perplexos, que ela certamente não é culpada e não está de maneira alguma envolvida na situação. A mulher vai embora bastante ofendida e murmura: "Agora, sim, eu sou culpada de novo".

Não há dúvida: essa mulher teve, em sua biografia, episódios de complexo significativos relacionados ao tema "Sou sempre a culpada", juntamente com os sentimentos de culpa associados ou a negação deles. Ela confirma: "Tenho de ficar sempre repetindo que não sou culpada, porque os outros sempre colocam a culpa em mim".

Herta, como a chamo aqui, havia, é claro, captado emocionalmente o que estava no ar: acusações mútuas. Se essas cinco pessoas fossem menos habilidosas em comunicação ou se não estivessem sob tanta pressão de tempo, poderiam ter polemizado sobre quem era "culpado", sobre quem deveria ter a responsabilidade pela negligência. Herta percebeu claramente qual era o tema que pairava no ar. No entanto, os cinco sabiam que precisavam de todo o tempo que tinham para resolver seu problema, não para brigar. E deixaram claro para Herta que ela não tinha sido convidada a se envolver nisso.

Quem tem um complexo numa área específica é sensível às emoções e aos temas correspondentes, e os absorve facilmente – geralmente, contudo, também os leva para o lado pessoal. Herta foi emocionalmente contagiada pelos problemas dos cinco. Como a questão da culpa desempenha um papel muito grande em sua vida, ela percebe facilmente quando a temática da culpa está presente ou reprimida, ou quando alguém está sendo culpabilizado.

Herta era a mais velha de quatro filhos. Os outros filhos eram meios-irmãos. Eles tinham um pai, ela não. Havia segredos em torno de seu pai: ele não aparecia, nunca estava presente. Por isso, ela alimentava muitas fantasias sobre o pai, mas não falava sobre elas. Segundo sua mãe, foi por causa dela que ela se casou com o atual marido, com quem teve mais três filhos e com quem não era particularmente feliz.

Herta lembra-se de muitas situações em sua infância em que lhe era atribuída culpa; ela se lembra de episódios do complexo.

> Eu era muito pequena e estava voltando da escolinha. Eu devia ter uns cinco anos. Minha mãe estava chorando e resmungando. Quando me viu, ficou muito brava e disse: "Você é culpada por tudo. Se você não tivesse nascido, eu não teria precisado me casar com esse homem. Saia do meu caminho!" Ela levantou a mão como se fosse me bater – e eu corri o mais rápido que pude para fora do quarto. Ela esticou a perna – eu caí, senti dor, mas mesmo assim continuei correndo o mais rápido possível. Quando voltei para o almoço, não tinha comida para mim. A justificativa: Eu tinha me comportado de maneira indecente e desobedecido à mãe. Fui mandada para a cama. Meu irmão mais novo então trouxe uma maçã que ele havia surrupiado. Mais tarde, fui acusada de ter pegado a maçã. Eu não queria delatar meu irmão. Ele tinha feito isso por mim, e eu assumi a culpa. Me senti totalmente miserável, tudo doía – afinal, eu não tinha feito nada. Eu entendi que seria melhor se eu não estivesse no mundo e que

minha mãe sofria por minha causa. Mas eu não podia mudar isso. E eu realmente gostava de estar viva. Gostava de ir para a pré-escola, e também gostava dos meus irmãos. Sempre procurava e encontrava pessoas que realmente gostavam de mim. Uma vizinha idosa me acolhia com frequência, quando meus pais trancavam a porta de casa e me deixavam do lado de fora. Eu tinha uma boa relação com ela, mesmo quando eu já estava casada, e a ajudei um pouco em sua velhice. Ela sempre dizia: "Querida, você não precisa se desculpar o tempo todo". Pedir desculpas o tempo todo tinha virado uma segunda natureza para mim. É claro que isso não adiantava nada. Mesmo depois, quando eu já tinha minha família e minha carreira, minha mãe sempre me ligava: ela sofria de várias doenças e me fazia sentir responsável por essas doenças também. Dizia que se eu cuidasse mais dela em vez de trabalhar, ela se sentiria melhor. E ela me chamava de ingrata: ela tinha sacrificado toda a vida por mim – e eu não estava disposta a sacrificar a minha por ela. E ela estava certa: eu não estava disposta, nem um pouco; minha família e meus filhos são mais importantes para mim, é nesse sentido que finalmente tenho uma boa vida. O pior dessa história é: eu simplesmente não consigo me livrar desse sentimento fundamental de culpa!

Ela continua narrando:

> Meu padrasto também me culpava por qualquer coisa. Se algo quebrava, a culpa era minha, porque ou era obra minha ou porque, sendo a mais velha, deveria ter prestado mais atenção. Mas isso não era tão ruim. Uma vez, eu me lembro, ele me disse: "Por sua causa, temos tão pouco dinheiro. Para meus filhos, seria o suficiente, mas você simplesmente está sobrando. Eu vou te vender". Isso me causou grande aflição. Então escrevi uma história na escola sobre uma criança que é vendida porque era culpada por tudo. O professor foi falar com meus pais, e aí, sim, foi um deus nos acuda. Mas o professor me disse que os pais não podem vender seus filhos.

Este exemplo mostra com clareza como Herta foi coberta por esses sentimentos de culpa provavelmente desde o início da vida. E esses sentimentos de culpa só aumentaram. Essa criança encontrou saídas: Herta procurava pessoas que não a acusassem, que reconhecessem seu direito de existir e se alegrassem com ela. Mas o enorme medo de ser vendida foi expresso numa história, ela o compartilhou com seu professor, sem delatar seus pais – uma verdadeira proeza – e mesmo assim: sempre novas acusações de culpa vinham e continuam vindo para cima dela.

No contexto de seus pais, Herta conseguia compreender essa problemática da culpa. Ela era empática: entendia que sua mãe, sob a maciça influência de parentes católicos, decidira não abortar a criança, nem entregá-la para adoção. Entendia que ela desejou se casar o mais rápido possível para não ser constantemente lembrada de seu "erro". O homem com quem se casou era alguém que ela já havia conhecido antes da gravidez, mas que fora rejeitado por ela, deixando-o bastante magoado: em vez de permanecer com ele, ela acabou se juntando com esse "presunçoso macaco da cidade", que, quando ela engravidou, revelou que já era casado e, portanto, não poderia se casar com ela. Pelo menos ele pagou pensão alimentícia, garantiu que Herta pudesse frequentar uma boa escola, com a condição de que ela nunca aparecesse para sua família. Ela entendia sua mãe, mas também não entendia. E ela entendia seu padrasto, mas não aceitava que a responsabilidade fosse transferida para ela. Ela compreendia que os pais não assumiam realmente a responsabilidade por suas próprias vidas e decisões, mas precisavam de um bode expiatório, a criança.

A mãe tentou corrigir seu "erro". A correção foi feita com muita pressa. Como não conseguia assumir a gravidez, como não foi capaz de se responsabilizar por ela, precisou agir rapidamente e se casou com um homem que havia rejeitado anteriormente. É provável que inconscientemente estava punindo a si mesma.

O padrasto também não lidou de maneira responsável com sua mágoa – ele desvalorizou o pai de Herta e depois assumiu "a mercadoria de segunda mão", que ele teria gostado de ter de primeira mão, e permaneceu magoado e ressentido.

No entanto, a responsabilidade foi atribuída à criança: ela é culpada por tudo. As dificuldades normais que surgem entre pais e filhos não puderam ser resolvidas; em vez disso, foram imediatamente vistas como sinais dessa grande culpa. Medo, raiva, mágoa: deveriam ter sido abertamente abordados, como também a questão da reparação.

Com o passar dos anos, Herta foi capaz de distinguir claramente entre a parcela real de culpa que evidentemente, como qualquer outra pessoa, carregava consigo, e a culpa que lhe era atribuída.

Embora tenha conseguido moldar uma vida satisfatória para si, longe dos pais, esse complexo de culpa persistiu e teve um grande impacto em sua vida cotidiana. Ela se aborrecia quando se sentia culpada reiteradamente; ou, o que acontecia com mais frequência, quando ficava afirmando que não era culpada. Ela diz:

> O tema da minha vida é provar que não sou culpada. Ao longo da minha vida, tento mostrar aos outros que não sou culpada, que sou uma pessoa valiosa, que tenho um direito à existência.
>
> Meu problema de vida é: eu me identifico tão facilmente com meus pais, que me dizem que sou culpada. Isso é um sentimento de vida muito desagradável. Eu me sinto impotente, angustiada, penso que ninguém mais vai me amar. Minha estratégia, nessas situações, é dizer: "Não, eu não sou culpada". É verdade, isso não proporciona um sentimento particularmente bom, mas pelo menos não estou me vendendo.
>
> O pior é quando eu realmente fiz algo errado. Recentemente, tratei meu marido de maneira muito insensível. Eu lhe disse que ele era culpado por eu

> não conseguir decidir se aceito ou não um novo desafio profissional. E que ele era uma pessoa terrivelmente egoísta. Isso é um pouco verdade: se ele estivesse disposto a se envolver mais com nossos filhos, seria mais fácil para mim aceitar o desafio. Mas fui rude com ele, do jeito que minha mãe foi rude comigo. Ele próprio também me disse isso. E então eu me sinto terrivelmente culpada – e tenho medo de que ele nunca mais me ame. No entanto, ele apenas diz: "Isso acontece, não leve tão a sério". Ele fica chateado quando "me enrolo" em sentimentos de culpa, como ele diz. E então eu tenho que ficar constantemente reparando algo. Às vezes, meu desejo legítimo é completamente diluído.

Herta compreende bem que se identifica com o polo dos pais no episódio de complexo descrito: ela se considera culpada. Seu marido se aborrece ao ver que os sentimentos de culpa dela só aumentam. O que ele chama de "enrolar-se" são o efeito e a dinâmica do complexo.

Afora o tema de vida de precisar provar constantemente que não é culpada e que surgiu como uma compensação a este episódio do complexo, quais outros temas de vida poderiam ser relacionados a este episódio?

O que a criança teria desejado?

> Como criança, eu precisava de alguém que se alegrasse comigo. Claro, também poderiam botar a culpa em mim uma vez ou outra. Mas não exclusivamente e não com esse radicalismo. O que eles

mais gostariam é que eu tivesse morrido. Havia um desejo de morte. Eu vivi todo esse tempo sob um desejo de morte. Quando minha mãe engravidou de mim, ela preferiria que eu tivesse "ido embora". Minha mãe e meu pai teriam preferido que eu estivesse morta. Meus irmãos não, eu acho. Éramos um grupo bastante unido – todos tivemos dificuldades – e ainda mantemos uma boa coesão até hoje. Sabemos quando algum de nós não está bem e tentamos ajudar uns aos outros.

Os avós, paternos e maternos, não eram particularmente hostis nem particularmente amigáveis. Tínhamos pouco contato com eles. Ninguém parecia estar feliz com esse casamento. Mas a velha vizinha sempre me fez sentir que eu era importante para ela. Ela simplesmente ficava feliz quando eu chegava. Meus irmãos também a visitavam de vez em quando, mas ela gostava especialmente de mim, assim eu achava.

No meu local de trabalho, as pessoas também gostam de mim. Tenho a tendência de fazer muito pelos outros, e eles gostam disso. Isso ainda está um pouco grudado em mim. "Desculpe por estar aqui. Posso fazer algo por você?" – De alguma forma, este é meu lema. Mas não faço tanto a ponto de os outros sentirem culpa. Eu tive de aprender muito para não sair distribuindo culpa: eu tinha a tendência de apontar os culpados que não assumem a responsabilidade em determinada situação. Os outros rapidamente perceberam que eu tinha um problema nesse âmbito. Trabalhei em cima disso na terapia de grupo. Agora posso deixar isso para lá, mas ainda sei internamente quem fez algo errado.

E então preciso aprender a lidar com minha raiva. Ou eu sou culpada, mesmo sem ser, ou os outros são culpados – mas eu não consigo confrontar isso de um jeito adequado. Não consigo perceber corretamente quando estou com raiva. Mesmo a raiva justificada é ignorada e convertida em sentimento de culpa – ou em defesa. Claro, também não posso ficar com raiva, pois penso que os outros então não vão mais gostar de mim. E isso é algo que não suporto.

Em conexão com esse complexo, há, compensatoriamente, o desejo e a necessidade de assumir responsabilidade pela vida. No entanto, Herta já assumiu a responsabilidade pela própria vida desde cedo.

Como resultado do trabalho sobre esse episódio ligado ao complexo, surgiram outros temas de vida importantes:

"Quero dar a mim mesma o direito de existir". E: "Quero estar cercada por pessoas que, naturalmente, me dão um direito de existir".

Após o trabalho sobre o episódio de complexo, Herta é capaz de abandonar a generalização da culpa. Isso resulta em outro tema de vida:

"Quero descobrir onde me comporto com culpa e quero compensar meu comportamento, tanto quanto possível".

"Nada de bom vai sair dele!"

Um relato de Andreas, que o narrou para mim por escrito:

> Na noite de 14 de novembro de 1981, pouco antes do meu 46º aniversário, tomei um Mouton Rothschild 1945 com Edith e meus filhos. Era um sábado. No meu diário de vinho, onde há uma linha para cada garrafa da minha adega, acrescentei a observação de que eu tinha corrido 43,2 km num tempo de três horas e 23 minutos, o que significa três horas e 18 minutos para a distância de 42,195 km da maratona. Eu estava orgulhoso de mim mesmo. O percurso consistiu em duas voltas de 21,6 quilômetros cada. A diferença total de altitude era de 190 metros de subida e 190 metros de declive. Mas escrevi muito mais. Senti que, com esse desempenho, havia cumprido um tema de vida que eu tinha estabelecido para mim mesmo. Isso teve um efeito reconciliador.
>
> Eu era um sonhador quando criança. Um relacionamento próximo com minha avó, e depois com minha mãe, transmitia-me cordialidade. Parecia-me que eu era diferente de meus colegas de classe. Não que eu me sentisse melhor, apenas um pouco fora e diferente. O sentimento de ser diferente provavelmente também teve sua origem em minha fé católica forte naquela época, e na experiência religiosa católica no meio de um ambiente reformado. Meus sentimentos em relação ao meu pai

e à minha mãe eram bastante diferentes. Muitas vezes, quando meu pai estava na taberna à noite, minha mãe cantava comigo e minhas irmãs; tenho quatro irmãs mais novas. Canto, alemão, história e matemática eram as disciplinas em que eu tirava boas notas na escola. Percebi que meu pai ficava orgulhoso quando eu as trazia para casa, mas, com relatórios menos favoráveis, eu tinha de ouvir como ele dizia para minha mãe: nada de bom vai sair dele. Eu participava das aulas de educação física, mas havia outros que eram maiores, mais fortes e muito melhores em ginástica do que eu. Eu e meu pai tínhamos uma estatura semelhante. Mas ele teria imaginado seu rapazinho de maneira um pouco diferente, um pouco mais forte. Meu pai era extraordinariamente resistente e forte. Ele era trabalhador braçal, e seu trabalho exigia um esforço físico árduo. A gente nunca comprava lenha. Meu pai a buscava na floresta, ou nas tardes de sábado ou à noite depois do trabalho. Eu tinha de ir com ele e ajudar. Eu percebia que meu pai me testava quando passava para mim a tarefa de arrastar as arvorezinhas de carvalho secas que ele enfeixava. Às vezes, eu as levava até o carrinho de mão, mas muitas vezes era uma tarefa além das minhas forças. Então, eu sentia o desgosto do meu pai e talvez até mesmo um leve desprezo. Eu nunca falava sobre sentimentos com meu pai, mas com minha mãe isso era algo muito frequente. No entanto, nunca contava para ela sobre os sentimentos entre meu pai e mim.

Quando terminei a escola, iniciei um curso de aprendizagem comercial. Apaixonei-me por uma garota que morava a cerca de seis quilômetros da minha casa. Ela gostava de mim, mas nunca chegamos a nos beijar. No entanto, peregrinei a pé muitas vezes até sua casa, na esperança de vê-la. Foi então que descobri que conseguia correr facilmente esse trajeto; e correr nos fins de semana tornou-se um prazer para mim. Comecei a ter aulas de boxe e me inscrevi num clube de esportes. Frequentei o curso de jovens atiradores e fiquei orgulhoso de ser um bom atirador. Meu pai nunca fez comentários sobre minhas atividades, mas percebi que ele via com satisfação esse meu interesse esportivo. Tirei as melhores notas no exame físico para recrutas. Eu me alistei na infantaria e fui aceito. Minha mãe ficou horrorizada, achando que era demais para mim. Meu pai não disse nada. Ele provavelmente estava esperando para ver se eu aguentaria. Eu me mantive firme, até a escola de suboficiais. Já havia recebido a convocação para a escola de oficiais quando um acidente pôs fim a tudo isso. Não lamentei o fim da carreira militar. Já tinha a intuição de que o entusiasmo pelas forças armadas poderia muito bem estar ligado a fantasias de poder da adolescência.

A alegria de correr permaneceu. Ela estava ligada à satisfação e à alegria pelo desempenho físico que excedia a medida comum. Frio, chuva ou nevasca nunca foram motivos para abrir mão da corrida semanal de uma a duas horas. Minha mãe tentou me dissuadir desses esforços insensatos e prejudiciais. Meu pai nunca disse uma palavra a respeito, mas percebi que ficaria decepcionado se eu tivesse seguido o conselho de minha mãe. Quando alguém pedia conselho ao meu pai, ele apenas dizia: "Vocês mesmos precisam saber o que estão fazendo". Mas era fácil perceber que ele tinha uma opinião e até mesmo adivinhá-la. A única vez que meu pai me deu um conselho muito enérgico foi quando manifestei minha intenção de casar com Edith. Meu pai ouviu a conversa que eu estava tendo com minha mãe. Ela perguntou como eram as outras garotas que eu conhecia, pois havia uma de família rica, e que também era bastante bonita e amável. Nesse momento, meu pai se virou para mim e disse enfaticamente: "Case-se com Edith". Depois disso, ele não disse mais nada. Nós nos casamos.

Eu já admirava os corredores de maratona quando era criança. No entanto, nunca pensei seriamente na ideia de correr uma maratona. Eu corria pela região ao redor de nossa aldeia duas ou três vezes por semana realizando diferentes percursos. Quando eu tinha cerca de 40 anos, comecei a correr regularmente aos sábados de manhã num percurso de 12,6 km ao longo de um rio. Geralmente, eu fazia isso em torno de 50 a 55 minutos. Depois estendi o percurso para 21,6 km, o que geralmente me exigia entre 90 e 95 minutos. Isso era um pouco mais do que a metade da distância da maratona, a distância que para mim significa algo especial. Com esse prolongamento do percurso, a pergunta sobre se esse algo especial seria alcançável para mim se tornou mais audível. De repente, isso passou a ser uma ideia fixa. Eu não queria vencer uma corrida, também não queria colocar a confirmação esportiva no centro dos meus interesses, mas eu queria correr a extensão da maratona pelo menos uma vez na vida. Ao longo de alguns meses, aumentei sistematicamente o treinamento. Não permiti que uma leve gripe no final do treinamento de base atrapalhasse meu plano. Antes que ela sarasse completamente, cedi ao meu impulso interno e corri dois dias antes do meu aniversário num tempo mais frio e levemente chuvoso: meu presente de aniversário para mim mesmo. Dois quilômetros antes do final, eu sabia que conseguiria; cerca de 600 metros antes do final, fiquei eufórico: Edith havia me presenteado com uma garrafa de Mouton Rothschild 1945 alguns anos atrás; eu a tomaria à noite.

Tema de vida? Eu não precisava provar nada para minha mãe. Nós nos conhecíamos e éramos suficientes um para o outro. Mas para mim mesmo e para meu pai, havia expectativas claras. Após correr a maratona, eu estava profundamente satisfeito comigo mesmo. Embora eu não tenha elaborado pensamentos longos ou profundos sobre a motivação, eu estava ciente de ter realizado algo significativo para mim: eu havia provado para mim que sou capaz de algo extraordinário. Só agora associei ao meu pai esse desejo e a maratona percorrida.

Este tema de vida, que foi concluído – pelo menos no nível esportivo – foi descrito por um homem de 68 anos durante um seminário sobre "temas de vida" e está relacionado a um episódio de complexo que marca em maior ou menor grau muitas pessoas: "De você nunca sairá nada de bom!" Aqui em nosso caso se trata principalmente do desempenho físico, secretamente exigido pelo pai; o notável sucesso acadêmico que Andreas alcançou mais tarde não interessava nesse contexto. O pai era extraordinariamente forte. No entanto, ele causava muitas preocupações para seus pais – os avós de Andreas. Ele bebia demais. Trabalhava bem e com rapidez, mas era muito instável e trocava de emprego com frequência. Ele teria gostado de ver seu filho como funcionário de escritório, isso teria sido uma ascensão social. Ele não queria se envergonhar com um filho fraco. Ele não podia mostrar um garoto tão sonhador aos seus colegas. O filho deveria ser um pouco mais forte, e ele duvidava se o filho seria capaz de alcançar isso. Por sua vez, o filho queria provar para o pai e para si mesmo que também era capaz de algo especial em termos físicos. Andreas começou a enfrentar essa prova desde cedo, mesmo que apenas a corrida com a distância da maratona fosse considerada a verdadeira e gloriosa prova, que então foi celebrada com um vinho à altura, um símbolo do grande valor atribuído a essa conquista.

O complexo "De você nunca sairá nada de bom" é, como todos os complexos, conectado a outros complexos. Ele denota uma experiência entre muitas que Andreas teve. Em termos de história de vida, é marcante aqui uma relação especialmente calorosa, aceitadora e sustentadora com a mãe e a avó. Relações que deram a Andreas um sentimento de segurança na vida, de confiança, de ser amparado e aceito. Sobre essa base, o desafio um pouco desgostoso e levemente desdenhoso do pai não é uma negação definitiva de habilidades, mas realmente um desafio a ser enfrentado. Todavia: Andreas também teve de provar isso a si mesmo; ele também havia internalizado a pergunta duvidosa do pai sobre se ele realmente poderia realizar algo especial. E isso foi e é um tema de vida para ele: Eu quero alcançar algo especial – e também, sem dúvida, fisicamente.

Por que ele se presenteia com essa maratona aos 46 anos? A carreira acadêmica estava construída, mas isso não era primordialmente uma conquista física. No entanto, o pai havia duvidado de sua capacidade física. Essa dúvida precisava ser dissipada antes que sua aptidão diminuísse. É possível ver isso assim, mas não necessariamente. O elemento especial tinha de pertencer ao mundo do pai; ser capaz de correr a maratona não era apenas uma vitória, mas também estava relacionado à vivência de grandes sentimentos e se conecta a outro tema de vida deste homem: Eu quero experimentar grandes emoções, sem ser destrutivo.

Um tema de vida concluído, como Andreas o chama. Pelo menos num nível, o tema de vida foi visivelmente e mensuravelmente realizado – e não precisa ser repetido. O tema de vida realizado traz orgulho. É particularmente impressionante nesta narrativa o fato de que o tema de vida está relacionado às habilidades que uma pessoa possui, que tem influência na configuração da vida e que, sempre que possível, deve ser visivelmente realizado. É necessária uma prova visível de que esse tema de vida foi concretizado. Um tema de vida realizado traz orgulho. Andreas celebra a vitória com a melhor garrafa de vinho que possui.

"De você nunca sairá nada de bom" – uma variante

"Meu pai e minha mãe já me diziam que de mim nunca sairia nada de bom. Como algo de bom poderia surgir de mim? E meus filhos também dificilmente produzirão algo de bom. Essas coisas simplesmente se perpetuam". O homem de 55 anos, a quem chamarei de Emil, diz isso resignado e passando por uma situação de crise. Ele perdeu o emprego novamente. Ele acredita que, em sua idade, não conseguirá mais fazer nada de bom. Ele fala espontaneamente sobre episódios ligados a um complexo.

Quando criança, eu trazia lenha para casa e era sempre insuficiente: E alguém sempre dizia: "De você nunca sairá nada de bom. Você se contenta muito rápido". Isso era dito principalmente por meu pai. E minha mãe nunca me defendia. Ela também pensava assim, eu acho. Eu, como criança, ficava triste e com raiva. Eu já queria agradar aos meus pais e também ajudá-los. Com o tempo, quando você ouve isso sem cessar, acaba desenvolvendo uma pele grossa. Mas de alguma maneira, eles tinham razão.

Ele se identificava com o polo do pai nesse episódio de complexo, com o agressor; ele mesmo se declarava um fracassado – e também achava fracassadas todas as pessoas mais próximas dele, especialmente seus filhos, embora ele devesse admitir que "algo de bom" tinha saído deles. "Nem tudo está perdido...", ele acrescenta desconfiado. Por muito tempo, e especialmente nessa situação de desemprego, seu tema de vida sempre foi: Eu quero provar que nada de bom pode surgir de mim. Essa formulação o assusta: "Seria melhor encontrar algo que eu possa fazer bem, onde eu seja útil". E então ele lista circunstâncias em que produziu algo de "bom". Nessas situações, ele também lembra que a profissão era tudo para seus pais, mas ele acha que, além da profissão, há outras áreas da vida em que podemos mostrar que valemos alguma coisa. Por isso ele gosta, por exemplo, de ajudar os outros, especialmente os idosos. No entanto, a convicção de que nada de bom pode surgir dele tem raízes profundas e, a cada mínima frustração, ela ressurge. Apenas raramente ele consegue mostrar reconhecimento de seus próprios feitos ou os de outros. Quando consegue, ele se sente muito melhor, tem esperança de que sua vida ainda resultará em algo bom. A diferença entre Andreas e Emil: No caso de

Andreas, a marca do complexo encontrou uma criança que havia desenvolvido uma grande confiança primordial, uma criança que foi amada e apoiada. A infância de Emil foi marcada por desconfiança primordial, por pouco estímulo e certa falta de amor. No entanto, a generalização de que nunca havia saído nem sairia nada de bom dele era injusta, moldada pelo complexo que havia sido constelado por suas repetidas demissões. Assim, juntamente com a esposa, ele construiu uma família que significava muito para ele; três filhos, todos com boas profissões e vivendo relacionamentos satisfatórios. Seus vizinhos gostavam dele e o estimavam, sempre pediam conselhos e ajuda. Quando a generalização associada ao complexo pôde ser desfeita, nós fomos capazes de trabalhar o episódio de seu complexo.

"Estão sempre estragando meu antegozo"

Um homem de 56 anos, a quem chamarei de Bernhard, busca acompanhamento terapêutico porque tem intensos acessos de raiva que interferem em sua vida profissional. Ele é jornalista. Em situações de estresse, especialmente quando outras pessoas não se comportam como ele acha correto, ele fica, em suas palavras, "bufando de raiva". Ele tem explosões emocionais, rupturas impulsivas, o que leva as pessoas a interromper entrevistas, e colegas a não querer mais trabalhar com ele. Ele próprio achava que seu desequilíbrio emocional, como ele chamava seu problema, estava se tornando cada vez mais grave e perturbador, talvez devido à sua idade. Trabalhamos em várias questões.

Numa sessão terapêutica, ele chega bastante animado. Ele descobriu um livro cujo título "o absorve por completo". O título é: *Arder é mais do que saber*.

> Este título resume meu problema de vida inteiro – não poderia ser mais conciso e mais incisivo! Este título também deixa claro para mim que coloquei as prioridades da minha vida em lugares errados. Eu queria descobrir e mudar o mundo por meio da escrita. Mas, na verdade, eu deveria ter descoberto e mudado o mundo com ardor, com brilho! Eu apostei no conhecimento, mas o ardor seria muito melhor.

Ele estava bastante entusiasmado com o título, com o tema, e disse que eu também deveria examinar minha vida sob a perspectiva do saber ou do ardor.

Portanto, Bernhard está com 56 anos e tem acessos de raiva simbolicamente relacionados ao fogo. É fácil imaginar que é iminente aqui um tema de vida relacionado a emoções intensas, entusiasmo e também sustentabilidade. Podemos pensar também num tema de vida que ele, por causa de sua escolha profissional, talvez tenha relegado um pouco para segundo plano. Ele costumava reclamar que se entusiasmava por algo como jornalista, mas depois rapidamente se entusiasmava por algo diferente. Eram apenas pequenos incêndios que ele não conseguia alimentar devido à falta de tempo. Isso o satisfazia cada vez menos.

Sua vida estava no caminho errado? Estava realmente comprometida apenas com o conhecimento e não com o ardor? Ele se dá conta de que isso não é tão radicalmente verdadeiro e que o ardor desempenhou sim um papel importante em sua vida.

Ele se lembra de como, quando era criança, adorava fazer fogueiras e ficar olhando para o fogo por muito tempo, observando com interesse como a madeira, ao queimar, assumia formas de rostos, e inventando histórias com esses rostos e animais que ele via – ficava excitado, animado, entusiasmado, incandescente. Ele era uma criança muito propensa ao entusiasmo, e na verdade ainda é assim. No entanto, quando criança, ele também tinha um pouco de medo do fogo. Ele conta que sempre morou em casas que tinham uma lareira aberta – isso é o mais importante para ele numa residência. Ele fala sobre celebrações relacionadas ao fogo e como era importante para ele participar desses eventos, na preparação e na execução.

Antes de se casar aos 38 anos, ele sempre queria apenas se apaixonar. Ele achava incrivelmente bonita essa chama, era um "sentimento de vida magnífico". Agora, diz que não está apaixonado e se pergunta se ainda há brasa sob as cinzas. Ele vive com a mesma mulher há 18 anos.

Seu problema de vida é sua irascibilidade, que também pode ser metaforicamente relacionada a um fogo que se inflama. Sua raiva repentina, essa raiva incandescente que o atinge principalmente quando sua empolgação é refreada, quando colegas se recusam a participar de seu entusiasmo ou até mesmo o ridicularizam.

E agora este livro! Este título. Ele ainda não conhece o conteúdo do livro. Ele sabe que é um livro sobre misticismo. Ele acha sua empolgação coisa de adolescente, mas também muito revigorante. Ele conta que uma vez quis ser monge. Na época, ele só queria amar a Deus, "queimar" por Deus e pela religião. Naquela época, ele pensava que o amor pelo espírito poderia ser mais duradouro do que o amor da sexualidade. Mas então ele se apaixonou intensamente pela primeira vez. E depois disso, ele não quis mais ser monge e pensou que poderia unir o espírito e o sexo no amor por uma mulher.

Arder, não incendiar-se – esse é agora o seu tema. Esta é a busca por intensidade e durabilidade. Ele formula: "Você tem que pegar fogo, queimar, só então vem o ardor – e no final tudo se extingue".

> Sou, com muita frequência, cativado por ideias que quero realizar. Então eu fico animado. Escrevo um pequeno artigo, mas depois deixo tudo de lado novamente. Mas agora estou experimentando um novo anseio: o que me faz arder atualmente? Pelo que eu gostaria de arder? Eu quero ter um ardor, quero encontrar algo que seja "sagrado" para mim.

O tema de vida que se anuncia aqui é um tema espiritual. Bernhard reformulou um tema de vida atual para ele: ele está com a impressão de que não tem mais todo o tempo do mundo e quer agora colocar seu "tempo livre" sob a égide do ardor. Ele se pergunta se poderia experimentar essa ardência ao realizar um trabalho criativo de maior calibre, mas duvida se seria capaz. O anseio é poder arder por algo. No entanto, ele permanece ambivalente: "O ardor é bom – mas fatos concretos também são bons".

Por que essa ambivalência? Por que ele vê o ardor e o saber como temas de vida mutuamente exclusivos? Podemos nos sentir comprometidos com o conhecimento e ainda assim também ter um ardor por algo. Cientistas que trabalham com entusiasmo ardente são prova disso. Deve haver uma razão para ele acreditar que precisa escolher entre uma coisa e outra.

Como sua família lidava com sua capacidade de se entusiasmar?

"Eu era uma criança muito entusiasmada", ele conta. Isso deve ser verdade, eu o vejo como um homem muito entusiasmado e com grande potencial para diversão, até mesmo na situação terapêutica. A mãe, ele se lembra, amava sua capacidade de se entusiasmar. Ela o chamava às vezes de seu "raio de sol", dizia que ele dava vida a tudo. Mais tarde, após a morte do pai, ela falou sobre como ele iluminou a atmosfera muitas vezes sombria que prevalecia entre eles. Seu pai achava exagerada sua capacidade de se entusiasmar e, às vezes, taxava-a de efeminada, o que o menino inicialmente não entendia. "Não se comporte de maneira tão efeminada!", o pai repetia várias vezes. Foram essas informações que ele me passou. Ele também contou um episódio de complexo: "Não seja tão exagerado na sua alegria!"

Estou na primeira série. Logo será a primeira festa da escola. Estou animado, agito-me, não paro de pular – igual a um cachorro que está feliz –, estou simplesmente eufórico, cheio de expectativas e imagino como tudo será lindo. E também anunciei em voz alta o que eu estava pensando. Achava que nessa festa poderíamos comer tudo o que quiséssemos, sorvetes e bolos. Também haveria vitória em competições: com certeza eu me via ganhando um elefante como prêmio de sorteio ou de algum tipo de competição. Não estava claro se era um bicho de pelúcia que ficava cada vez maior ou um elefante de verdade.

Aqui uma criança cheia de criatividade imagina o mundo tal como seria o mais satisfatório no momento.

Minha mãe sorri, meu irmão, três anos mais velho, faz o gesto com o dedo na cabeça e diz: "Ficou maluco". Meu pai diz: "Pare, agora mesmo. Nunca será assim. Se você exagerar na animação, depois só terá decepção. Isso é perigoso". Eu procuro o olhar da minha mãe, mas ela não reage. Estou confuso. O que é válido agora? Começo a chorar. Minha mãe me consola e repreende suavemente me pai: "Você tinha que estragar desse jeito a alegria do menino?"

E meu pai: "Eu só quero o bem dele, não quero que ele fique completamente arrasado amanhã se não for como ele imaginou". Vou para a casa dos meus vizinhos – lá estão meus colegas de classe e continuamos imaginando como será a festa. Eu estou um pouco mais silencioso do que antes. Não me lembro mais da festa. Mas também não me lembro de uma decepção. Eu não me decepcionava com qualquer coisa. Se algo não acontecia, eu ficava animado com a próxima novidade.

No entanto, o pai evidentemente tinha um problema com alegria antecipada e decepção e tentou resolver esse problema evitando as decepções, tanto quanto possível. A tensão entre ardor e sabedoria agora é compreensível. Bernhard diz: "Quando falo sobre ardor, ainda ouço meu pai dizer: 'Esse menino é um caso perdido!'". Este episódio ligado ao complexo "Não seja tão exagerado na sua alegria!" ainda pode ser ativado e continua a ter um efeito psicológico. Bernhard recebe dois julgamentos em relação à sua grande capacidade de se entusiasmar: para a mãe, é algo bom, para o pai, é algo angustiante. "Mas bem dentro de mim eu sabia que era bom". Ele resolveu o conflito entre os dois episódios de complexo contraditórios ao se permitir se entusiasmar com as mulheres. No mundo dos homens, ele se conteve e se reprimiu; nesse mundo, ele era focado em fatos concretos e também exigia isso dos outros. No entanto, ele também se tornou irascível, ou seja, não tão objetivo e racional quanto exigia de si mesmo, e como o pai também exigia dele. "Quando estou num grupo de homens, eu tinha e ainda tenho de me conter, refrear meu entusiasmo".

Isso também exprime uma dinâmica problemática entre os pais: enquanto o pai estava vivo, a mãe era pouco independente, um tanto "apagada" emocionalmente. Quando o pai morreu, ela se tornou muito mais alegre, mais afável e também muito mais emotiva. O pai tinha medo de sentimentos, especialmente medo de mostrá--los e se expor. Ele tentava sempre ter tudo sob controle. Odiava surpresas na vida e tentava evitá-las. Sua máxima: sem alegria, sem decepção. Ele vivia seus sentimentos calorosos em segredo: nos escritos deixados pelo pai, foram encontrados poemas de amor ardentes.

Bernhard diz que já passou tempo demais inibindo a alegria em grupos de homens; a irritação súbita pode ser uma consequência disso. Isso pode ser visto assim: se inibimos a alegria, ou se nos inibimos e reprimimos, podemos ficar irritados. "Em vez de pular de alegria, explodimos de raiva". É claro, Bernhard não pode mais se entusiasmar como fazia quando era criança. No entanto, ele está convencido de que ainda se identifica em grande parte com o pai desse episódio de complexo, mais do lado do conhecimento do que do lado do ardor. Seus colegas de trabalho provavelmente não o veem assim, eles o veem como o homem entusiasmado que, com sua "eterna empolgação", às vezes se torna excessivo para eles. Quando estamos num âmbito do complexo, percebemos o mundo no sentido do complexo, nossa percepção é distorcida.

Agora, no entanto, o "fervor" é um tema de vida: o cultivo de um interesse sustentável em algo que o entusiasme. Mas para seguir esse tema de vida, ele precisa abandonar a identificação com o pai do episódio de seu complexo – alegrar-se é coisa de mulher, e se você se alegrar, ficará desapontado. Essa identificação se manifestava principalmente em relação a si mesmo, mas também em relação a outras pessoas. Se ele não podia tomar parte na empolgação de outras pessoas, costumava dizer com inveja: "Tanto entusiasmo é simplesmente infantil!" Ele teve de abandonar essa atitude.

Essa problemática também ocorria em seus sonhos. Os complexos são, segundo Jung, as pessoas atuantes em nossos sonhos (OC 3, § 202). Complexos também são representados e processados nos sonhos.

A seguir, ele descreve um sonho que teve na época em que estávamos trabalhando neste episódio de complexo:

> Estou na agência, meu local de trabalho. Cheio de entusiasmo, conto uma história totalmente incrível. Os colegas estão inicialmente céticos – como sempre. Mas eu falo tão entusiasmadamente que eles também se contagiam. Isso alimenta ainda mais meu entusiasmo. Vou até o computador, quero anotar algumas ideias, incluindo aquelas ditas pelos colegas. O computador trava. Nada funciona. "Veja só", diz um colega mais velho. Eu não vejo nada, estou fulo da vida, grito e acordo.

Bernhard comenta sobre seu sonho: "Eu estava furioso. Por um lado, eu ainda carregava para o cotidiano a raiva do sonho; por outro, irritava-me o fato de ter todas as ideias na ponta da língua durante o sonho. Era praticamente um roteiro para um filme. E agora não sei mais do que se tratava!" "No sonho", ele disse, "tratava-se de uma obra-prima!"

Ele também se surpreende com a rapidez com que seu entusiasmo se transformou em raiva. O colega mais velho no sonho realmente existe. Ele o estima. Bernhard vê na indicação desse colega uma semelhança com os comentários que recebeu de seu pai nesses contextos.

"Veja só", diz o colega mais velho. – O que ele deveria ver? Será que no sonho o episódio de complexo está sendo repetido, o episódio em que o pai o adverte contra a empolgação? Então o pai seria representado aqui por um colega, que, no entanto, o sonhador considera menos hostil à empolgação do que seu pai era. O sonho pode ser interpretado de forma subjetiva: se ele assume a atitude desse pai/colega, então seu computador trava, então toda a empolgação se vai. Nesse caso, o sonho seria mais uma vez um lembrete de que Bernhard internalizou o polo paterno desse episódio de complexo e que este episódio é ativado quando ele está empolgado. Mas também há algumas coisas a serem vistas no entusiasmo: ele aumenta quando Bernhard o compartilha com outras pessoas. Nesse contexto, também é preciso perguntar se ele precisa do entusiasmo dos outros para não ficar desapontado e deprimido, tal como sua mãe precisava da empolgação da criança. – Sim, ele fica irritado quando os outros não podem tomar parte em seu entusiasmo, porque ele precisa do entusiasmo dos outros para realmente ficar empolgado: essa é a resposta de Bernhard. Essa asserção também estava contida em seu sonho. Se os outros não estão entusiasmados, então ele realmente tem medo de "desabar".

Quando trabalhamos com sonhos, conectamos os conteúdos do sonho, especialmente as emoções, com nossas situações cotidianas, especialmente com os problemas com os quais estamos lidando no momento. E desse modo o sonho altera nossa vida diurna e nossas emoções; novas conexões cognitivas e emocionais se tornam possíveis. Dessa forma, o sonho fornece indicações para a nossa vida em vigília, lança uma luz específica sobre ela, mas também vincula a nossa vida vígil ao inconsciente.

O antegozo não permitido

No contexto deste episódio de complexo, Bernhard estava primordialmente preocupado com o antegozo que não permitia a si mesmo. Segundo ele, em vez de se permitir esse antegozo, ele simplesmente se convencia de que estava entusiasmado.

O pai de Bernhard não estava certo ao mostrar tanta desconfiança da antecipação de alegria do menino. No antegozo, nossa imaginação fica ativa. Imaginamos o que nos traria grande alegria, visualizamos uma situação que promete alegria. Isso, por si só, tem muito valor. Nós nos permitimos – inicialmente quase sem controle – imaginar a realização de nossos desejos, nossos anseios. Estes são sustentados pela esperança no melhor, uma esperança que caracteriza as pessoas até a morte (Kast, 2005). Naturalmente, existem modelos sobre os quais desenvolvemos nosso antegozzo: são, por exemplo, narrativas contadas por outras pessoas, mas também filmes, romances, e até mesmo histórias cotidianas de outras pessoas sobre os eventos pelos quais estamos tão alegremente ansiosos. Até mesmo quando essas histórias consideram o aspecto da decepção, isso pouco nos assusta. Estamos convencidos: para nós, será melhor, saberemos evitar a decepção. Nossas próprias lembranças também desempenham um grande papel no antegozo. E essas memórias ainda podem ser um pouco embelezadas. Assim, nossos desejos e anseios se misturam com narrativas e memórias um pouco embelezadas e nos enchem de alegria na imaginação do que está por vir.

O antegozo tem um valor intrínseco, independentemente da concretização do que foi imaginado nele. Ninguém pode nos tirar o antegozo.

Ele é uma excitação interessante, voltada para a surpresa, uma mistura de alegria, interesse, curiosidade, expectativa, esperança. O antegozo aciona em nosso cérebro o sistema de recompensa. Este sistema é ativado em tais situações. Ele responde a estímulos externos quando estes se separam positivamente de todos os outros estímulos, quando vivenciamos algo recompensador ou experimentamos estímulos que prometem uma recompensa (Spitzer, 2003). O sistema de recompensa responde, sobretudo, a eventos surpreendentes. "Neurônios no fundo do cérebro liberam o neurotransmissor dopamina, seja diretamente no lobo frontal (que então funciona melhor) ou no núcleo *accumbens*, que converte o sinal de dopamina em um sinal de opioide, que também chega ao lobo frontal. O ópio próprio do cérebro (chamado de opioides endógenos) cria ali então uma sensação agradável" (Spitzer, 2003, p. 2). A dopamina nos sinaliza que aqui há algo interessante. Como resultado, curiosidade, capacidade de aprendizado, fantasia, criatividade, prazer aumentam. Se nos deparamos sempre com a mesma coisa, nossa atenção diminui. Quando as expectativas são superadas, o sistema é ativado novamente. Isso pode ser uma das razões por que ainda adicionamos algo às imagens que estão associadas ao antegozo. Portanto, esse antegozo também tem um valor intrínseco do ponto de vista neurocientífico.

No entanto, não se pode negar que muitas vezes ficamos decepcionados depois. Somos seres sociais, e por isso o antegozo e a alegria frequentemente estão ligados a interações sociais. Quanto mais circunscritas são nossas expectativas no antegozo, especialmente também em relação ao comportamento dos outros, que é outro fator que influencia o antegozo, mais provavelmente ficaremos decepcionados. Justamente o elemento específico imaginado por nós pode não acontecer. Quanto menos precisa for a expectativa em relação às pessoas de nosso convívio, quanto mais conseguirmos imaginar diferentes cenários com potencial de nos proporcionar alegria, menos suscetíveis à decepção seremos. É claro, também podemos contar com a decepção e aprender com ela. Geralmente, ela nos mostra onde avaliamos erroneamente a nós mesmos, mas também aos outros.

O antegozo liga o nosso sistema de recompensa. Se nos distanciamos do antegozo, nós o estragamos para nós mesmos ou para os outros; então precisamos estimular este sistema de recompensa de outras maneiras, por meio de outros "prazeres", até mesmo de um vício (Breiter et al., 1997, p. 591-611).

Concretamente, Bernhard se perguntou: "Posso me alegrar com um romance que me propus escrever?" Até agora, ele só sabe que deseja escrever um romance maravilhoso. Ele também sabe como este romance não deve ser: "Já existem tantos romances no mundo que não valem nada". Isso é suficiente como algo pelo qual se alegrar? Quase imperceptivelmente, encontramo-nos na posição do pai do episódio de complexo, que adverte: "Não fique animado muito cedo". Mas agora cabe diferenciar: Ele se alegra com o fato de escrever o romance, de desenvolver a interação entre os personagens, de poder criar no romance uma vida tal que não existe? Ou ele se alegra com a "obra-prima do século"? Em outras palavras, o interesse (Kast, 2011, p. 90ss.) dele é objetivo, refere-se ao processo criativo? Ou ele tem um interesse narcisista, vendo-se já como uma nova estrela no firmamento literário?

Por certo, ninguém tem apenas um interesse puramente objetivo, mas também é difícil alguém ter um interesse puramente narcisista. O antegozo de criar algo maravilhoso é também, sem dúvida, um antegozo que tem um valor intrínseco. E se for possível ver o antegozo dessa maneira, justamente como uma alegria que ainda não diz nada sobre o resultado final, ele será um estímulo para o trabalho árduo lá na frente, e certamente não há nada de errado com isso.

"Eu quero o ardor" precisa ser traduzido para um tópico específico ou tópicos específicos. Para que algo possa arder, é preciso haver uma matéria que possamos fazer arder. Justamente quando um tópico não se torna imediatamente concreto, ele estimula nosso pensamento de maneira especial, faz que conectemos a vida a esse tópico ainda inacabado, e assim surge uma rede de concretizações possíveis. Mas é sobretudo significativo o fato de a vida ser vista sob a perspectiva desse novo tema de vida; a vida tem um novo foco.

Este exemplo deixa especialmente claro que os complexos abrigam um tema de vida, um tema de desenvolvimento: se somos impedidos de perseguir um tema de vida importante, então um complexo se forma. Esse tema inibido se torna um problema de vida. Ele pode ser liberado novamente se for possível alterar o episódio de complexo. Este exemplo também most$ra nitidamente que um tema de vida pode permanecer em segundo plano por um longo período, inicialmente se manifestando como um problema que se agrava cada vez mais, como nos acessos de raiva de Bernhard. E mostra que o tema vital reprimido pode ser encontrado e mais tarde realizado, de uma maneira apropriada à idade da pessoa. Mas não apenas o antegozo pode ser estragado: o próprio gozo às vezes também é arruinado.

"Sempre estragam minha alegria"

Um homem de 43 anos, que chamarei de Otto, é muito bem-sucedido, mas se sente "desligado", sem alegria. Ele simplesmente não tem alegria de viver, mas não é depressivo, no sentido clínico. Segundo ele, as pessoas ao seu redor também parecem sem alegria, ou talvez venham a ficar assim com o tempo. Suas palavras: ele percebe que, na presença dele, seus filhos também parecem um tanto desanimados; quando estão com outras pessoas, são muito mais alegres e despreocupados. Então exige que eles também sejam mais alegres na sua presença, mas é claro que isso não funciona. "Alegria não pode ser imposta", afirma ele.

Ele continua:

> Mas, seja como for, sempre estragam minha alegria. Outros têm filhos alegres. Quando faço algo com meus filhos para alegrá-los, com certeza eles não ficam alegres. Isso acaba arruinando minha alegria também.
>
> Quando quero sair para comemorar com minha equipe, eles não ficam felizes. Quase todos desmarcam o encontro, têm uma boa razão para não celebrar comigo. Eles também estragam minha alegria. Uma colega que saiu da nossa equipe me

deu uma resposta quando indaguei por que não poderíamos comemorar ali. Ela disse que eu simplesmente não sei comemorar, que simplesmente não há clima para tal e que é algo cansativo.

Se ele se lembra de uma situação em que sua alegria foi estragada de tal forma que essa situação ainda está presente em sua mente e vem à tona de vez em quando?

Eu tinha cerca de oito anos. Estávamos empolgados dando cambalhotas, fazendo saltos mortais. Éramos alguns meninos tentando superar uns aos outros. Meu avô assistia entusiasmado e nos incentivava. Então minha mãe apareceu e acabou com nossa brincadeira. Ela disse: "Você está usando suas melhores roupas!" E ainda: "E amanhã você vai ter dor de cabeça de novo, nem precisa reclamar". E à noite ela disse: "Você não consegue arranjar outros amigos?" Ela quis dizer crianças que eram menos agitadas, que preferiam ficar lendo.

Quando questionado se ele se lembra da reação à intervenção materna, ele conta:

Naquela situação, eu reagi com raiva e bastante vergonha. Raiva porque a divertida brincadeira foi interrompida. Vergonha porque todos os meus amigos ficaram sabendo que eu tinha dores de cabeça com frequência, que eu era um fracote. Foi assim que interpretei minhas próprias dores de cabeça; as outras crianças não tinham dor de cabeça, só eu! Isso me encheu de vergonha. Eu queria ser tão resistente quanto os outros, e provavelmente eu era. A menção das roupas era um ponto que todos entendíamos. Não tínhamos muitas roupas boas, e era errado rolar no chão por aí com as melhores roupas.

Ele se lembra do avô da seguinte maneira:

O vovô assistia entusiasmado, chegou a tentar dar uma cambalhota. Isso acontecia com frequência, não apenas naquele momento em que minha mãe nos pegou. Nosso entusiasmo era cada vez maior, aí houve aquela parada brusca. E minha mãe sempre balançava a cabeça, dizendo que o velho deveria dar exemplo.

Com o avô era possível formar um círculo de alegria: a alegria de um estimulava a alegria dos outros, o que, por sua vez, desencadeava ainda mais alegria. Mas Otto não podia simplesmente aceitar esse aspecto de aumento da alegria como uma boa experiência. Ele adotou a avaliação da mãe: "Isso ou ele é um pouco infantil". O fato de o avô ter observado com entusiasmo, segundo Otto, fez com que sentisse que não havia nada de errado na brincadeira. "Mas a crítica da mãe – ela também criticava o avô – era muito mais grave. Ela era a pessoa mais importante para mim no dia a dia; eu queria lhe agradar ou, pelo menos, não desagradar muito". Já antes de a mãe estragar sua alegria, a alegria já era retratada como algo infantil e já estava "sob suspeita".

Como Otto vivenciou o episódio de complexo com a mãe?

Quando estava brincando, Otto se sentia realmente vivo e animado, tanto quanto os outros. Ao intervir, a mãe dá a entender que o que ele está fazendo não está certo. Estraga as roupas, prejudica fisicamente, afeta a saúde, é primitivo. Ela acredita que ler é muito melhor. No entanto, sua principal mensagem: "Não está certo se alegrar com essas brincadeiras".

Otto internalizou bem o polo materno deste episódio de complexo. Durante suas viagens de negócios, ele conta que às vezes tinha vontade de correr. Mas, na maioria das vezes, ele não tem roupas esportivas no momento – e ele não gosta de suar em suas roupas boas. Portanto, ele acaba não correndo. Em vez disso, ele tenta ler algo desafiador. Mas isso muitas vezes não dá certo, o que é compreensível, pois ele realmente gostaria de correr. Ele gostaria de relaxar, entrar em contato com seu corpo. Na verdade, ele também gostaria de esquiar com mais frequência. Mas ele geralmente não o faz, com medo de se exceder e ficar indisposto por alguns dias. De maneira semelhante, ele estraga a alegria de seus filhos. Ele lhes lembra que as roupas precisam ser poupadas, até mesmo as roupas esportivas; e adverte constantemente contra a sobrecarga física em qualquer situação. Seus filhos resistem e reclamam que ele nunca para de estragar a alegria deles. E, então, sua própria alegria é estragada. No entanto, ele tem pouca consciência de que é ele mesmo quem está arruinando sua própria alegria.

Há, portanto, pessoas que extinguem a alegria: então a alegria ou não pode ser compartilhada, ou até pode mas apenas num contexto muito específico. Com essas pessoas, dificilmente criaremos ou buscaremos situações que realmente despertem alegria.

Experiências corporais, em particular, podem desencadear muita alegria: a alegria do movimento, a alegria de desfrutar com todos os sentidos, a alegria da proximidade física. Se essas alegrias forem estragadas na infância, isso não apenas nos tornará menos alegres e prejudicará nossa alegria de viver, mas também afetará a autoestima. São justamente as crianças que podem contagiar os adultos com sua alegria muitas vezes ainda desinibida. Se os adultos se deixam contagiar e retornam para as crianças uma ressonância alegre, estas vão se entender como "seres agradáveis"; seu eu, sua autoestima e autovalorização são fortalecidos (Kast, 2013, p. 202).

Por que algumas pessoas não tomam parte na alegria? Muitas vezes, isso acontece por inveja. Pessoas que se alegram têm algo muito desejado, pois mostram que conseguem se alegrar com a vida, e isso é uma grande riqueza. A mãe de Otto, no entanto, parece não ser invejosa, mas sim muito temerosa. Ela tenta evitar o medo e, assim, evita também a alegria. Seu sistema de valores é mais orientado contra o corpo – e essa orientação também foi adotada por seu filho: prazeres intelectuais são considerados definitivamente melhores do que prazeres corporais. Mas certamente vivenciamos maior alegria quando podemos vivenciar ambos os prazeres na vida.

Qual é o tema de vida oculto?

Esta história de vida também revela o tema de vida depois que Otto percebeu claramente que não são apenas os outros que estragam sua alegria, mas como ele próprio arruína a alegria para si e para os outros. Ele pôde permitir cada vez mais suas verdadeiras alegrias. Nesse processo, ele precisou desenvolver muita coragem para enfrentar o medo e sempre se perguntar se sua intenção primordial era evitar o medo, ou permitir a alegria.

Dois temas de vida ficaram cada vez mais claros:

"Quero desfrutar com todos os sentidos tudo o que há para desfrutar".

E: "Quero dividir alegria com outras pessoas".

Muitas pessoas têm certas experiências de alegria arruinadas na infância. Da mesma maneira como a alegria nos foi estragada na infância, acabamos estragando-a para os outros mais tarde. Mas quando tomamos consciência desse fato, podemos tomar medidas contra isso. E, felizmente, as crianças sempre têm alegrias secretas que, por não serem visíveis, não podem ser arruinadas. Mais tarde podemos recorrer a essas alegrias que realmente foram vivenciadas.

É raro que episódios de complexos no âmbito da alegria arruinada sejam espontaneamente relatados pelos analisandos. Parece que a maioria das pessoas não percebe com clareza como é prejudicial para o sentimento de vida quando a alegria é consistentemente estragada. Ou simplesmente nos acostumamos a ter nossa alegria constantemente arruinada? (Kast, 2013).

"Se eu não fizer tudo eu mesmo, tudo sempre sai errado"

Um homem de 42 anos, que chamarei de Xaver, sente-se sobrecarregado, tão sobrecarregado que não sabe mais o que fazer. Ele mal consegue dormir, perdeu o apetite, sofre com dificuldades de concentração, está estressado e num mau humor constante. Ele gostaria mesmo de passar três meses nas montanhas, numa cabana alpina, onde estivesse sozinho. Mas isso não é possível: ele tem seu próprio negócio. Embora ainda tenha dois funcionários, eles são totalmente dependentes dele: "Sem mim, nada funciona lá". Ele também não pode sair por causa de sua família, sua esposa é "totalmente dependente" dele. Ela está "totalmente sobrecarregada" com os dois filhos, de 14 e 16 anos. Ele diz: "Não são apenas os filhos, ela está sobrecarregada com a situação de qualquer maneira. Os filhos estão sobrecarregados na escola, então temos de estudar com eles. Para que isso dê certo, tenho que fazer sozinho, minha esposa não pode assumir isso. É uma tremenda dificuldade".

Quando conversa, ele transmite uma impressão de falta de ar e desespero: o estresse é evidente. Quando questionado se uma pessoa externa e experiente poderia assumir o aprendizado dos filhos, ele disse que isso não levaria a nada. "Se eu não fizer tudo sozinho, sempre dá tudo errado". E ele também se orgulha de ser insubstituível – nos negócios e na família. Normalmente, isso funciona bem, mas desde que teve uma gripe prolongada no último inverno, ele não é mais tão resistente. Alguma coisa precisa mudar. Mas nada pode ser mudado – e isso pode significar, como consequência: nada deve ser mudado. Existe um episódio de complexo que explique essa necessidade de precisar fazer tudo sozinho? "Eu fui muito independente desde jovem. Em nossa casa, ninguém era mimado. De alguma forma, o lema era 'matar ou morrer'". Eu pergunto se ele se lembra de uma situação em que esse lema foi aplicado.

> Fomos nadar, eu tinha cerca de oito anos. Eu ainda não sabia nadar direito. De algum modo, consegui subir numa jangada que estava no lago. Nem sei como. Agora eu tinha de arranjar uma maneira de voltar para a margem. Meu pai, que estava com os outros junto à margem, disse: "Não me importo como você faz. Se você conseguiu sair daqui, também consegue voltar. Estamos arrumando tudo para ir embora para casa". Eu estava totalmente desesperado em cima daquela jangada – cheio de medo. Os outros realmente estavam arrumando tudo – e como eu voltaria para casa depois? Pedi ajuda ao meu pai. Ele disse: "Não está vendo?, já estou vestido. Estou feliz que você tenha subido na jangada, mas agora volte logo para cá". Eu então me joguei na água e nadei até a margem ofegante e depois de engolir muita água. Meu pai disse: "Viu, não precisava de todo esse drama".

Xaver lembra-se de que muitas vezes pediu ajuda, mesmo quando era mais novo, mas o que ele conseguia de seu pai era apenas desprezo. "Então aprendi a não pedir mais ajuda. Mas eu também sempre tive orgulho de fazer as coisas por conta própria, e também com isso conquistei o respeito do meu pai".

E o que aconteceu com o medo?

Tinha superado o medo, e sempre teve de superá-lo:

"Com o tempo, eu simplesmente não tinha mais medo. Eu era e sou um verdadeiro aventureiro, não conheço o medo". Ele também afirmou isso com bastante orgulho. Então ele se lembrou que, em sua atual situação de vida, realmente sentia medo e que, por isso, até me procurou, uma psicoterapeuta. Mas a essa altura ele não queria terapia, mas orientação sobre o que fazer em sua situação para se sentir bem novamente.

Xaver se identifica com o polo paterno de seu complexo de sobrecarga. Seu pai o forçou a buscar desenvolvimento autônomo, exigiu independência quando seria necessária uma mistura de prazer na independência e uma ajuda discreta, apropriada à sua idade. Isso promoveu o desenvolvimento para um "contrafóbico": aparentemente, Xaver não tem medo de nada neste mundo. Tal atitude é perigosa, pois o medo também nos mostra onde estamos em risco, onde precisamos nos proteger ou lidar de maneira diferente com a vida (Kast, 2015). Hoje, Xaver ainda exige de si que faça tudo sozinho, tal como seu pai exigia antes. No entanto, esse tema de vida resultante do complexo "Eu faço tudo sozinho, não preciso de ninguém e me orgulho disso" parece agora levar a uma situação sem saída. Não é por acaso que ele associa o início de sua crise atual a uma gripe prolongada. Para ser tão autônomo assim, é preciso ter um corpo saudável. Uma gripe prolongada traz pensamentos de fraqueza, impotência, principalmente o sentimento de dependência do próprio corpo, talvez até mesmo de envelhecimento. No entanto, seu tema de vida não é adequado para a velhice.

Eu encorajo Xaver a se colocar em cada um dos polos do episódio de complexo da natação no lago. Ele consegue se identificar bem com o pai; ele próprio usou o mesmo tratamento para seus filhos, que, no entanto, para empregarmos a mesma imagem daquele evento, permaneceram sobre a jangada porque houve a intervenção de sua esposa, que sempre os socorria nessas situações. Ele narra isso com certa desaprovação: "Meu pai queria que eu me tornasse um homem de verdade". Os filhos, graças à prestatividade da mãe, como se pode supor, não se tornarão homens de verdade.

A empatia com ele mesmo quando menino é mais difícil: assumindo a posição do pai, ele inicialmente condena esse moleque. Quando pergunto como esse menino poderia ter se sentido, ele diz: "Ele certamente teve muito medo, se sentiu sobrecarregado. Teve, talvez, medo de morrer".

Se ele ainda pode se transportar para esse sentimento? "Para o sentimento nem tanto, mas para a solidão sim. Sinto-me tão sozinho agora também".

"E mesmo agora, você não pode pedir ajuda a alguém?"

"Posso sim, mas não adianta! Ninguém vai me ajudar. E se alguém me ajudar, eu não acho isso certo".

Pensamos em como essa criança poderia ter recebido ajuda, sem perder sua autonomia. O pai não deveria ter dito que eles iriam para casa sem ele. E ele poderia ter entrado na água e dado alguns passos, poderia ter se aproximado um pouco, uma mão estendida provavelmente teria sido suficiente.

Agora o ponto relevante era essa mão estendida. Xaver extraía sua autoestima positiva principalmente do fato de que ele podia fazer tudo sozinho. Portanto, era crucial preservar essa boa autoestima para ele. Ele sempre havia demonstrado essa independência ao longo de sua vida, e ela permaneceu com ele em grande medida; ninguém pode tirar essa experiência dele. Mas é exatamente por isso que ele agora, se necessário, também pode e deve aceitar ajuda.

Os temas de vida que emergiram foram:

"Quero ser o mais independente possível, mas também quero estender a mão para obter ajuda quando precisar dela".

E: "Também quero aceitar mãos estendidas".

E essa mão foi estendida por seu pai. Este, agora aposentado e que antes trabalhava na mesma profissão do filho, ofereceu-se para trabalhar na empresa por um mês. Então, ele estaria pronto para poder representar seu filho por um mês. Foi difícil para Xaver aceitar essa ajuda. Mas ele entendeu que isso afinal era uma mão estendida. Essa experiência desencadeou um novo sentimento de vida nele: "Tenho o sentimento de não estar sozinho numa situação difícil e de receber ajuda competente".

Ele compreendeu que sua esposa, na educação dos filhos, estava compensando a postura rígida dele. E notou que, em relação a ela, ele estava assumindo a postura do pai do episódio de complexo descrito acima. Ela não estava tão sobrecarregada com a educação dos filhos quanto ele pensava. No entanto, a esposa tinha um estilo educacional completamente diferente do dele, e aos poucos ele percebeu que esse estilo também era valioso. Ele suspeitou também que seus filhos permitiam que ele fracassasse: eles não queriam ser tão independentes quanto ele e por isso buscavam, até mesmo de uma maneira forçada, ajuda constante.

"Tenho de fazer tudo eu mesma" – uma variante.

Uma mulher de 62 anos, a quem chamarei de Irene, queixa-se de que sempre precisa fazer tudo sozinha: se ela não fizer, ninguém mais fará, pelo menos não no tempo que ela considera certo. Ela fica irritada quando delega tarefas aos outros, pois isso perturba seu ritmo, e, no final das contas, tudo se torna mais trabalhoso do que se ela mesma as fizesse. Ela é muito atenta, percebe e absorve muitas coisas e é rápida em suas execuções. Isso torna as pessoas ao seu redor cada vez mais negligentes, e Irene reclama:

Eu sempre tenho de fazer tudo sozinha, tenho de pensar em tudo, seria bom se os outros pensassem junto comigo. Sei que também eu mesma tomo parte nesse desenvolvimento – no entanto, às vezes se torna demais para mim, e então sinto que estou dando muito para a vida em comunidade, que esse esforço é aproveitado, mas as pessoas simplesmente ignoram minhas necessidades. Não vejo isso como maldade, mas sim como descuido.

Como esse complexo se manifesta?

As tarefas domésticas precisam ser feitas. E eu digo o que precisa ser feito. Meu parceiro, por exemplo, pergunta: "Onde está o aspirador de pó? Como liga?" Eu fico furiosa, todos os aspiradores de pó funcionam mais ou menos da mesma maneira. Eu digo com raiva: "Deixa para lá, eu mesma faço isso". E agora sei novamente que tenho de fazer tudo sozinha. Eu fico irritada por um tempo, mas depois a raiva se dissipa, dando lugar à resignação. Mas agora estou envelhecendo e às vezes também preciso de ajuda. Eu temo que não vou receber a ajuda necessária, e esse é um medo furtivo.

Há uma situação-chave para essa constelação de complexo na infância?

Na verdade não. No entanto, sempre recebi pouca ajuda. Meus irmãos eram mais velhos, e todos esperávamos, tanto meus pais e meus irmãos como eu também, que eu pudesse fazer o que eles faziam. E eu logo me mostrei capaz. Mas eu estava orgulhosa de ser tão independente. Só pedia ajuda em casos de extrema necessidade.

Talvez eu também tenha herdado isso: minha mãe sempre dizia: "Quem muito pergunta, vai longe". Independência era um valor importante em nossa família.

É possível que Irene esteja narrando aqui a compensação de um episódio de complexo que ela não recorda mais. Pode-se imaginar que, em determinado momento, pode ter havido uma sobrecarga que poderia ter se manifestado num episódio de complexo.

Pergunto por situações em que ela se sentiu muito desafiada quando criança. Irene se lembra:

Eu tinha dez anos, meu irmão, vinte. Eu poderia ir com ele a um passeio de esqui – uma subida com peles coladas nos esquis estava planejada, um convite muito atraente – mas expressamente apenas sob a condição de que meu irmão nunca tivesse de esperar por mim. Obviamente concordei com isso, e ainda hoje me lembro que dei o melhor de mim para que meu irmão não tivesse de esperar. Não sei como mas eu consegui, e estava orgulhosa. Na lembrança, sinto compaixão é pela pequena Irene, que talvez tenha levado a sério demais a exigência do irmão. Mas eu não me lembro de ter sofrido naquela época. Eu também não tinha medo de não conseguir, senão eu provavelmente não teria participado da coisa toda. Mas certamente eu estava no limite do meu desempenho. Mas eu gosto disso tudo, e talvez já gostasse naquela época. Ou simplesmente não tinha outra escolha.

Irene foi desafiada e aceitou o desafio. Daí surgiu um tema de vida:

"Sempre que possível, faço algo sozinha".

E: "Quero entender situações difíceis como desafios".

A posição dos desafiadores está interiorizada. Também em relação a outras pessoas: Irene exige grande independência das pessoas com quem trabalha, mas também não vê problema em ajudá-las.

"Quero entender situações difíceis como desafios" – também este é um tema de vida. É uma atitude que favorece a resiliência psicológica, mas que pode se tornar unilateral. Isso clama por um equilíbrio. E assim o tema de vida de Irene pode então ser:

"Quero confiar na ajuda de outras pessoas".

Tal como no caso de Xaver, este complexo e os temas de vida relacionados a ele vêm para o primeiro plano, pois a idade se anuncia, uma transição de vida se anuncia, exigindo uma adaptação correspondente no tema de vida.

Criar um espaço de manobra para si

Certos temas de vida não são mais seguidos ao longo da vida, e geralmente há bons motivos para isso. Eles se perdem ou ficam em segundo plano. Por ocasião das transições de vida, se eles realmente fazem parte de nossa personalidade, esses temas são revividos. Eles são experimentados como anseios, manifestam-se em fantasias, devaneios e sonhos.

Com frequência, associamos fases de transição a aniversários redondos, mas também a situações em que a vida muda abruptamente, como quando o parceiro ou a parceira falece ou quando nos separamos de uma pessoa que se tornou importante. Nessas transições da vida, fazemos uma avaliação e questionamos: até agora, esta foi a vida que queríamos viver? O que precisa ser alterado? Mas, na maioria das vezes, não estamos particularmente inclinados à mudança.

Fases de transição são períodos de instabilidade e estão associadas a medo, tensão e autoquestionamento; conflitos que são habituais em nossa vida, dificuldades que sempre tivemos são reativados e têm efeitos também no nível físico. Reações complexadas, que pensávamos estar em grande parte no passado, podem ressurgir. A instabilidade e a maior propensão a conflitos se reforçam mutuamente. Portanto, não apenas a transição de vida atual com suas demandas típicas nos afeta, mas também antigas questões e, assim, antigos temas de vida podem ressurgir. E estes podem então ser trabalhados. Mas no início ficamos insatisfeitos. Essa insatisfação é um sinal de que o que parecia bom em nossa vida até agora, com o qual estávamos de acordo, precisa ser questionado: Novos temas de desenvolvimento nos são apresentados, os temas de vida podem ser revisados e também alterados. Não é raro que, nessas transições de vida, velhos desejos, anseios antigos, devaneios e ideias de como a vida poderia ser vivida voltem à tona: esse é o material dos temas de vida. E esses temas vitais reexperimentados ou talvez recompreendidos podem ser entrelaçados de uma nova maneira com os temas de vida já existentes.

Em ligação com os antigos conflitos que reacendem nas transições da vida e também com os temas de vida que se perderam, deparamos frequentemente com episódios de complexos que outrora foram marcantes, mas cujos temas de desenvolvimento não foram suficientemente levados em conta. Também podem ser vividos mais uma vez e de uma maneira completamente diferente, aliados a uma vida mais prática e a uma autoestima mais estável.

Temas de vida importantes estão ocultos nos problemas com os quais lidamos no cotidiano. Isto é especialmente verdadeiro para os conflitos desagradáveis que determinam repetidamente nossa vida, embora conheçamos muito bem o problema em questão e geralmente queiramos evitá-lo. Se alguns complexos moldam nossa vida, temas de vida claramente circunscritos estão, com frequência, associados a eles. Se alguns poucos complexos moldam nossa vida, muitas vezes estão associados a temas de vida claramente definidos. Não conseguimos imaginar que a vida também poderia ser diferente. No entanto, não nos sentimos bem com isso; é como uma compulsão sob a qual a configuração da vida está submetida. Não temos a liberdade de desejar algo diferente e realizar esses desejos, pelo menos parcialmente. Esses temas vitais nascidos da necessidade ajudam a evitar na vida futura experiências dolorosas e profundamente desestabilizadoras que resultaram no complexo. Isso atesta a força do ser humano, que mesmo em situações muito difíceis pode encontrar um tema de vida e uma estratégia que está associada a ele e que impede que voltemos a cair no temido estado de impotência e desamparo. No entanto, essas estratégias compensatórias ajudam apenas por certo tempo e restringem muito a vida. Essas estratégias de compensação exigem imensa energia para serem concretizadas e geralmente afetam apenas um aspecto do si-mesmo, enquanto outros temas de vida também possíveis, que afetam outros aspectos do si-mesmo, não podem ser vividos. As consequências disso são: não temos liberdade na configuração de nossa própria vida. Ficamos sob a impressão de permanecer aquém de nossas próprias possibilidades de vida. Temos uma baixa autoestima. Faltam ideias que nos preencham ou nos entusiasmem. Não temos espaço de manobra na vida. O trabalho sobre os episódios de complexo permite recuperarmos um espaço de manobra, imaginarmos que a vida pode ser diferente, que temos mais possibilidade de configuração do que pensávamos. Esse tema de vida nascido da necessidade pode agora ser complementado por alguns outros temas, no início especialmente por aqueles que foram frustrados pelo desenvolvimento que resultou em episódios de complexo ligados a relacionamentos. Quando estes são uma vez aceitos e se tornam determinantes para a ação, o futuro se abre novamente e não é uma simples repetição do passado.

No entanto, mesmo em episódios de complexo menos marcantes, é útil não apenas ver o conflito de relacionamento associado a eles, mas também o tema de desenvolvimento neles contido; também é importante direcionar o olhar para quais temas de vida, quais ideias, quais desejos estão sendo abordados. Essa visão bilateral altera a relação consigo mesmo – a pessoa se torna mais amigável em relação a conflitos e complexos – e desenvolve uma melhor autoestima. Essa perspectiva também motiva a experimentar os novos temas de vida no dia a dia concreto, torna-nos mais livres e criativos, e contribui significativamente para mudar nossos relacionamentos com outras pessoas. Os relacionamentos são então muito menos influenciados pelos padrões de relações complexadas e pelas experiências do passado que obstruem o futuro.

Um comentário sobre a visão bilateral de Astrid, que, aos cinco anos, teve de assumir a culpa por cortar a toalha de mesa:

> Acho ótimo ter a possibilidade de formular temas de vida a partir de episódios de complexo. Finalmente, a gente se liberta dessa eterna recordação negativa e chega a uma visão positiva do desenvolvimento próprio. A gente fica surpresa com a imagem que se revela de repente. A formulação de temas de vida liberta e leva adiante, enquanto o olhar fixo nos episódios de complexo aprisiona, impede o desenvolvimento.

A visão bilateral, que tem em foco tanto o conflito quanto os temas de vida ocultos, leva os problemas a sério, mas também cria uma distância da restrição causada pelo âmbito do complexo e, com isso, abre o futuro: podemos desenvolver ideias sobre como ele poderia ser diferente. Em vez de dizer: "hoje conheci uma pessoa interessante, mas como sempre ela não vai se interessar por mim", pode-se dizer: "hoje conheci uma pessoa interessante, estou curioso para ver o que se desenvolverá entre nós". Pensado e sentido assim, o futuro se abre novamente, e o complexo perde seu poder formador. Ao contrário, podemos viver o que está em nós, podemos descobrir que sempre há aspectos não vividos do nosso si-mesmo cuja realização nos traz alegria e nos faz sentir a vida como significativa.

E os seus próprios
temas de vida?

Quais fantasias você tinha para a sua vida aos 20 anos de idade? Quais delas você revelou para outras pessoas e quais guardou apenas para si mesmo?

Houve um momento em sua vida em que foi tomado por um interesse?

Se sim, onde está esse interesse hoje?

Novos interesses estão despontando em sua vida?

Interesses que você tinha quando era jovem estão ganhando nova vida?

Às vezes, não conseguimos realizar o que gostaríamos. Isso nos aborrece ou entristece. Quais impedimentos o aborrecem mais?

Você às vezes tem devaneios sobre uma vida completamente diferente?

Você se permite imaginar esses devaneios?

Imagine: alguém aprecia sua vida tal como vivida até hoje. O que deveria estar incondicionalmente incluído nessa apreciação?

O que seus descendentes deveriam um dia responder quando perguntados sobre o que era importante para você na vida?

O que há pendente em sua vida que precisa ser realizado sem falta?

Agradecimentos

Gostaria de agradecer sinceramente às pessoas que me permitiram escrever sobre seus episódios de complexo. Quero expressar minha gratidão especial a Astrid e a Andreas, que generosamente me forneceram seus textos. Também agradeço pelas sugestões que recebi durante o meu seminário na Universidade de Zurique.

Anexo
Complexos

A descoberta dos complexos ocorreu num experimento empiricamente orientado pela ciência natural. Jung adotou na Clínica Burghölzli a tradição da pesquisa empírica com associações, que remonta a Kraepelin, discípulo de Wundt. Wundt foi o primeiro a realizar investigações sistemáticas sobre o tema das associações. O método de ensaio do experimento de associação, adotado por Jung, era e ainda é simples: o examinador menciona uma palavra, e a pessoa examinada reage com o primeiro termo que lhe vem à mente, por exemplo: "verde" – "campo". Assim, tenta-se descobrir qual conceito é desencadeado e despertado numa pessoa por uma palavra, uma palavra de estímulo. Essas pesquisas, originalmente, buscavam regras para a associação. A intenção era poder distinguir diferentes tipos intelectuais, determinar a diferença entre as associações de doentes e de saudáveis, a importância da atenção para a associação etc. Em experimentos adicionais, Kraepelin e Aschaffenburg provocaram fadiga nos participantes dos testes. Com isso, descobriram que os tipos de associações de participantes com diversos níveis educacionais eram normalmente diferentes, mas se assemelhavam quando eles estavam fatigados: por exemplo, aumentavam as associações sonoras (vaca – faca). No entanto, Jung e Riklin constataram que um aumento das reações sonoras também podia ser observado em pessoas que haviam vivenciado uma forte emoção. Eles verificaram, em geral, que nem sempre era possível uma associação automática, embora a língua o permitisse. Havia reações que Kraepelin chamou de "erros" e que não foram mais consideradas para as investigações. Esses chamados "erros" despertaram o interesse de Jung e Riklin. Por exemplo, eles estudaram associações que ocorriam apenas após um longo tempo de reação, ou que não podiam mais ser lembradas no teste de reprodução. Influenciados pelas pesquisas de Freud (*Sobre a psicopatologia da vida cotidiana*) (Freud, 1904), eles se perguntaram quais reminiscências poderiam estar escondidas por trás de tal reação, de tal "erro". Eles também constataram que nem toda palavra que, por exemplo, tinha uma longa reação fazia aflorar uma nova lembrança, mas sim que uma memória emocional significativa poderia ser evocada por palavras diferentes. A reminiscência reprimida – eles concluíram – consiste num número maior ou menor de representações individuais que são "mantidas juntas" pela emoção (OC 2, § 863-891). E Jung e Riklin também descobriram que, onde não era possível associar sem dificuldade, a palavra-estímulo se referia a um "assunto pessoal" embaraçoso (OC 2, § 1350s.). A este assunto pessoal embaraçoso eles deram o nome de complexo.

O complexo de tonalidade afetiva

No capítulo "O complexo de tonalidade afetiva e seus efeitos gerais sobre a psique" (OC 3, § 77-106) de sua obra publicada em 1907, *Sobre a psicologia da dementia praecox: um ensaio*, Jung afirma que o fundamento essencial da personalidade é a afetividade (§ 78). Ele entende afetividade como sentimento, ânimo, afeto, emoção. Os elementos da vida psíquica são dados à consciência na forma de certas unidades (§ 78): percepção sensorial, componentes intelectuais (hoje entendidos como processamento da percepção sensorial) e tom emocional.

Ele acrescenta um exemplo: "Encontro na rua um velho amigo; a partir daí, surge em meu cérebro uma imagem, uma unidade funcional: a imagem do meu amigo X. Distinguimos nesta unidade [...] três componentes [...]: *percepção sensorial, componente intelectual* (representações, imagens de memória, juízos etc.), *tom emocional*. Esses três componentes estão unidos numa firme conexão, de modo que, basta que surja a imagem de memória de X, e todos os elementos a ela pertencentes também estarão, por regra, sempre presentes. [...] Toda a massa de lembranças tem um tom emocional determinado" (OC 3, § 79s.), por exemplo, irritação. E todos os aspectos da representação também participam dessa irritação.

Apresentei esse pensamento de maneira detalhada porque Jung antecipou aqui o conceito de memória episódica, conforme descrito por Tulving em 1972. Além disso, a relação entre emoção e complexo fica bastante clara. Jung demonstrou experimentalmente, por meio do experimento de associação, como os complexos perturbam a associação (OC 3, § 92), principalmente por causa da emoção. Formas peculiares de reação, perseveração, aumento do tempo de reação, esquecimento da reação crítica, mudança na resistência da pele, entre outros, apontam para um complexo. O experimento psicogalvânico, que mede a mudança na resistência da pele, mostra claramente como a ativação de complexos também causa uma reação física, fisiologicamente vivenciável e mensurável. Essas assim chamadas características de complexo foram novamente investigadas por Schlegel (1982) num cenário de pesquisa amplamente científico. As intensas reações psíquicas e físicas a esse experimento, conhecidas a partir do diagnóstico, foram confirmadas nessa investigação. Schlegel também salientou quais características de complexos correlacionam-se mais fortemente com a resistência da pele (Schlegel, & Zeier, 1982, p. 75-92).

A partir dessas características de complexos, Jung concluiu que os complexos são predominantemente reprimidos e que quanto mais forte o tom emocional de um complexo, mais frequentes são as perturbações no experimento:

> A intencionalidade da ação é cada vez mais substituída por erros não intencionais [...], para os quais ele próprio muitas vezes não consegue fornecer razão. Por isso, uma pessoa com um

complexo forte apresenta distúrbios intensos no experimento de associação; muitas palavras-estímulo aparentemente inofensivas despertam o complexo (OC 3, § 93).

O complexo também tem um efeito peculiar na memória: ou não conseguimos nos livrar da emoção e das imagens a elas associadas, ou as perdemos tão completamente que não conseguimos mais nos lembrar delas.

A explicação de Jung é que uma intensa emoção empurra o tranquilo jogo das representações para o lado e determina toda a atenção; ela tem a "tonalidade de atenção" (OC 3, § 84) mais potente, podendo, portanto, inibir ou promover o pensamento consciente. Situações de forte carga emocional tornam-se um complexo e ocupam a consciência – ou seja, não conseguimos pensar em mais nada no momento... Se o evento emocionalmente carregado encontrar um complexo já existente, ele o fortalecerá (OC 3, § 140). Vale notar que Jung usa os termos emoção e complexo quase de forma intercambiável, como também o fará mais tarde com frequência. No entanto, também fica claro que as emoções causam complexos e que a emoção é, por assim dizer, a argamassa das representações que, por fim, chamamos de complexo. E também se torna nítido que esses complexos, por sua vez, também influenciam significativamente a totalidade de emoções.

Cada evento carregado de emoção torna-se um complexo. Quando os temas ou emoções associados ao complexo são abordados, todo o conjunto de conexões inconscientes é ativado – na psicologia junguiana, o termo "constelado" é usado para isso – incluindo a correspondente emoção de toda a história de vida e das estratégias de defesa estereotipadas daí resultantes. Quanto maiores a emoção e o campo de associações de significado a ela pertencente, mais "forte" é o complexo, e mais outros componentes psíquicos, especialmente o complexo do eu, são relegados para segundo plano. A força atual de um complexo em relação aos outros complexos existentes e ao complexo do eu – a atual paisagem de complexos de uma pessoa – pode ser diagnosticada com o experimento de associação.

Nessa época, Jung estava fascinado pelo processo de associação em si. Sua ideia de memória, incluindo a memória ligada ao complexo, como uma unidade funcional, também significa que, partindo dos componentes – percepção sensorial, imagem de memória e tom emocional – é possível se aproximar do complexo, mais exatamente por meio de coleta de mais associações, de mais ideias súbitas relacionadas às palavras que tocaram um complexo. Essas associações acabam levando ao tema do complexo e à emoção a ele pertencente.

Hoje, para palavras que desencadeiam complexos, preferivelmente se narram histórias. É assim que se encontram os episódios de complexos. Narrando tal episódio de complexo, cria-se um espaço narrativo que também é um espaço de imaginação. Nesse processo, uma vivência-chave pode ser expressa emocionalmente. O que tocou tão profundamente e ainda toca o indivíduo pode ser articulado em palavras e compartilhado com outra pessoa. Isso permite a criação de novas associações, novas conexões; novas perspectivas sobre sua própria história podem ser adotadas e, geralmente, a avaliação emocional dos fatos se torna mais rica e diferenciada. Os episódios ligados aos complexos e as emoções a eles associadas podem mudar. No entanto, é de extrema importância que o episódio seja narrado, não apenas informado. Se fornecemos informações, o espaço da imaginação, que também é um espaço de possível transformação, é pouco ou nada aproveitado.

O conto da Gata Borralheira

A esposa de um homem rico adoeceu e, quando sentiu que seu fim se aproximava, chamou sua única filhinha até sua cama e disse: "Querida filha, permaneça boa e piedosa, pois assim o amado Deus sempre vai ajudá-la. Eu olharei para você do céu e ficarei ao seu lado". Em seguida, fechou os olhos e morreu. A menina ia todos os dias ao túmulo da mãe, chorava e continuava piedosa e boa. Quando chegou o inverno, a neve cobriu o túmulo com um manto branco, e quando o sol o retirou no início da primavera, o homem arrumou outra esposa.

A nova esposa trouxe consigo duas filhas, que eram bonitas e de alva face, mas feias e escuras de coração. Começava ali um tempo difícil para a pobre enteada. "Essa pateta vai se sentar em nossa sala conosco?!", diziam. "Quem quer comer pão deve merecê-lo: fora daqui, cozinheira". Tomaram-lhe seus belos vestidos, vestiram-na com uma velha bata cinza e deram-lhe tamancos de madeira. "Vejam a orgulhosa princesinha, toda enfeitada!", gritaram rindo e a levaram para a cozinha. Lá, ela teve de fazer um trabalho pesado o dia inteiro, levantar cedo antes do amanhecer, carregar água, acender o fogo, cozinhar e lavar. Além disso, as irmãs lhe causavam todos os desgostos imagináveis, zombavam dela e jogavam ervilhas e lentilhas na cinza, fazendo-a sentar-se para separá-las de novo. À noite, exausta do trabalho, ela nem cama tinha e por isso precisava se deitar ao lado do fogão sobre as cinzas. E como ela sempre parecia empoeirada e suja, chamavam-na de Borralheira.

Certo dia, o pai tinha intenção de ir ao mercado, de modo que perguntou às duas enteadas o que elas desejariam que trouxesse para elas. "Lindos vestidos", disse uma. "Pérolas e pedras preciosas", disse a outra. "E você, Borralheira", disse ele, "o que quer?" "Pai, o primeiro galho que bater no seu chapéu no caminho de volta para casa, quebre-o para mim". Ele comprou belos vestidos, pérolas e pedras preciosas para as duas enteadas e, no caminho de volta, enquanto cavalgava por uma moita verdejante, um galho de aveleira raspou nele e derrubou seu chapéu. Então ele quebrou o galho e o levou consigo. Quando voltou para casa, deu às enteadas o que haviam pedido, e para Borralheira deu o galho do arbusto de avelã. Borralheira agradeceu, foi ao túmulo de sua mãe, plantou o galho sobre ele e chorou tanto que as lágrimas caíam e o regavam. Ele cresceu e se tornou uma bela árvore. Borralheira costumava ir até lá três vezes por dia, chorava e rezava, e todas as vezes um passarinho branco pousava na árvore. Quando ela expressava um desejo, a avezinha jogava para baixo o que ela havia desejado.

Mas aconteceu que o rei planejou uma festa que deveria durar três dias, para a qual foram convidadas todas as belas donzelas do reino, dentre as quais seu filho escolheria uma noiva. As duas meias-irmãs, ao ouvir que também compareceriam, ficaram animadas, chamaram Borralheira e disseram: "Penteie nossos cabelos, escove nossos sapatos e prenda bem as fivelas, pois vamos ao casamento no castelo do rei". Borralheira obedeceu, mas começou a chorar porque também gostaria de ir ao baile. Então pediu permissão à madrasta. "Você, Borralheira", disse ela, "vive cheia de poeira e sujeira e quer ir ao casamento? Você não tem vestido nem sapatos, e quer dançar!" No entanto, visto que Borralheira insistia com súplicas, ela finalmente disse: "Despejei uma tigela de lentilhas nas cinzas. Se em duas horas conseguir separar as lentilhas, pode ir conosco". A garota atravessou a porta dos fundos, foi até a horta e chamou: "Dóceis pombinhas, rolinhas, todos os pássaros sob o céu, venham e me ajudem a separar,

"as boas no pratinho,

as ruins no papinho".

Duas pombinhas brancas entraram pela janela da cozinha, seguidas pelas rolinhas, e, por fim, todos os pássaros sob o céu vieram voando e pousaram ao redor da cinza. As pombinhas balançaram a cabecinha e começaram: pic, pic, pic, pic, e os outros começaram também: pic, pic, pic, pic, separando todos os grãos bons para a tigela. Mal se passara uma hora, e eles já haviam terminado, voando todos para fora novamente. Então a mocinha trouxe a tigela para a madrasta, feliz da vida, pensando que agora poderia ir à festa de casamento. Mas a madrasta disse: "Não, Borralheira, você não tem nenhum vestido, não sabe dançar; todos vão rir de você". Ela se pôs a chorar, ao que a madrasta disse: "Se em uma hora você conseguir separar das cinzas duas tigelas de lentilha, poderá ir". E pensou: "Isso ela nunca vai conseguir". Depois que a madrasta despejara duas tigelas de lentilhas sobre as cinzas, a garota foi pela porta dos fundos até a horta e chamou: "Dóceis pombinhas, rolinhas, todos os pássaros sob o céu, venham e me ajudem a separar,

"as boas no pratinho,
as ruins no papinho".

Então duas pombinhos brancas entraram pela janela da cozinha, seguidas pelas rolinhas, e, por fim, todos os passarinhos sob o céu vieram voando e pousaram ao redor das cinzas. As pombinhas balançaram a cabecinha e começaram: pic, pic, pic, pic, e os outros começaram também: pic, pic, pic, pic, separando todos os grãos bons para as tigelas. E antes que passasse meia hora, eles já haviam terminado, voando todos para fora novamente. A garota levou as tigelas para a madrasta, alegre da vida, pensando que agora poderia ir à festa de casamento. Mas a madrasta disse: "Não adianta; você não vem conosco, pois não tem nenhum vestido e não sabe dançar; só nos causaria vergonha". Em seguida, virou-lhe as costas e partiu com suas duas filhas arrogantes.

Quando não havia mais ninguém em casa, Borralheira foi até o túmulo de sua mãe sob a árvore de avelã e clamou:

"Arvorezinha, sacode e chacoalha,

joga em mim ouro e prata."

Então, o pássaro lançou para ela um vestido dourado e prateado, juntamente com sapatinhos bordados de seda e prata. Às pressas, ela pôs o vestido e foi para a festa. Suas irmãs e a madrasta, no entanto, não a reconheceram e julgaram que fosse uma princesa desconhecida, tão bonita estava no vestido dourado. Não pensaram de modo algum em Borralheira e acreditavam que ela estava em casa, em meio à sujeira, catando lentilhas nas cinzas. O príncipe veio ao seu encontro, pegou-a pela mão e dançou com ela. Ele não queria dançar com mais ninguém, de modo que não largava sua mão e, quando alguém se aproximava para convidá-lo, ele dizia: "Esta é minha dançarina".

Eles dançaram até anoitecer, momento em que Borralheira quis ir para casa. O príncipe, no entanto, disse: "Vou com você e a acompanho", pois queria ver a quem pertencia a bela moça. Ela, porém, escapou dele e pulou para dentro do pombal. O príncipe esperou até que o pai de Borralheira chegasse e lhe disse que a moça desconhecida havia pulado para dentro do pombal. O velho pensou: "Será que é Borralheira?" E tiveram de lhe trazer machado e picareta para que ele pudesse quebrar o pombal ao meio. Mas lá dentro não havia ninguém. E quando eles chegaram a casa, Borralheira estava deitada com suas roupas sujas no meio das cinzas, e uma melancólica lâmpada de óleo queimava na lareira; pois Borralheira havia rapidamente saltado para fora do pombal pelos fundos e corrido até a pequena árvore de avelã. Lá, ela tirou a bela roupa e a depôs sobre o túmulo, e o pássaro a tinha levado embora novamente. Em seguida, com sua bata cinzenta, foi se sentar na cozinha sobre as cinzas.

No dia seguinte, quando a festa recomeçou, e os pais e as meias-irmãs partiram novamente, Borralheira foi até a aveleira e recitou:

"Arvorezinha, sacode e chacoalha,
joga em mim ouro e prata."

Então o pássaro jogou para baixo um vestido ainda mais majestoso do que o do dia anterior. E quando ela apareceu na festa com este vestido, todos ficaram admirados com sua beleza. Mas o príncipe, que havia esperado até que ela chegasse, pegou-a imediatamente pela mão e dançou apenas com ela. Quando os outros vinham convidá-la, ele dizia: "Esta é minha dançarina". Quando a noite chegou, ela quis ir embora, e o príncipe a seguiu, querendo ver em qual casa ela entraria; mas ela fugiu dele e se dirigiu ao pomar atrás da casa. Lá havia uma bela e grande árvore, da qual pendiam as mais gloriosas peras; ela subiu ágil como um esquilo entre os galhos, e o príncipe ficou sem saber para onde tinha ido. No entanto, ele esperou até que o pai chegasse e lhe disse: "A moça desconhecida escapou de mim; acho que pulou para cima da pereira". O pai pensou: "Será que é Borralheira?" Ele mandou buscar o machado e derrubou a árvore, mas não havia ninguém nela. E quando entraram na cozinha, Borralheira lá estava em meio às cinzas, como sempre, pois ela havia pulado do outro lado da árvore, devolvido o belo traje ao pássaro na pequena aveleira e vestido sua batinha cinzenta.

No terceiro dia, quando os pais e as irmãs estavam fora, Borralheira foi novamente ao túmulo de sua mãe e disse à árvore:

"Arvorezinha, sacode e chacoalha,

joga em mim ouro e prata."

Então, o pássaro jogou para ela um vestido que era tão magnífico e brilhante como nenhum outro, e os sapatos eram inteiramente de ouro. Quando ela chegou ao ponto alto da festa, ninguém sabia o que dizer pois era imenso o espanto. O príncipe dançou sozinho com ela, e se alguém a convidava, ele dizia: "Esta é minha dançarina". Quando a noite chegou, Borralheira quis ir embora, e o príncipe quis acompanhá-la, mas ela escapou tão velozmente que ele não pôde segui-la. Mas o príncipe, valendo-se de um truque, havia mandado besuntar com piche toda a escadaria: quando ela foi descer, o sapato esquerdo da moça ficou preso ali. O príncipe o pegou e viu que era pequeno, delicado e inteiramente de ouro. Na manhã seguinte, ele o levou ao homem e disse: "Nenhuma outra será minha esposa além daquela em cujo pé este sapato de ouro se encaixar". As duas irmãs ficaram felizes, pois tinham pés bonitos. A mais velha levou o sapato para o quarto e quis experimentá-lo, com sua mãe ao lado. Mas ela não conseguiu enfiar o dedão, o sapato era pequeno demais para ela. Então, a mãe lhe passou uma faca e disse: "Corte o dedão fora; se você for rainha, não precisará mais andar a pé". A moça cortou o dedão, enfiou à força o pé no sapato, reprimiu a dor e saiu ao encontro do príncipe. Então, ele a tomou como noiva sobre o cavalo e cavalgou com ela para longe. Mas eles precisavam passar em frente do túmulo, junto ao qual as duas pombinhas estavam pousadas na aveleira, que exclamaram:

> Sangue, sangue no pé da donzela
> O sapato não é dela
> Olha como lhe aperta
> Em casa está a noiva certa.

Ele olhou para seu pé e viu o sangue jorrando. Deu meia-volta com o cavalo, levou a noiva falsa novamente para casa e disse que não era a certa; a outra irmã deveria experimentar o sapato. Esta então foi para o quarto e, por sorte, conseguiu enfiar os dedos no sapato, mas o calcanhar era grande demais. A mãe então lhe passou uma faca e disse: "Corte fora uma parte do calcanhar; se você for rainha, não precisará mais andar a pé". A moça cortou fora um pedaço do calcanhar, enfiou o pé no sapato, reprimiu a dor e saiu ao encontro do príncipe. Então, ele a tomou como noiva sobre o cavalo e foi embora com ela cavalgando. Mas eles precisavam passar em frente do túmulo, junto ao qual as duas pombinhas estavam pousadas na aveleira, que exclamaram:

Sangue, sangue no pé da donzela
O sapato não é dela
Olha como lhe aperta
Em casa está a noiva certa.

Ele abaixou o olhar para seu pé e viu como o sangue jorrava do sapato, tingindo por completo de vermelho suas meias brancas. Ele deu meia-volta com o cavalo, levou a noiva falsa novamente para casa. "Esta também não é a certa", disse ele, "vocês não têm outra filha?" "Não", disse o homem, "só há uma pequena e mirrada Borralheira, de minha falecida esposa: é impossível que seja a noiva". O príncipe disse que ela deveria ser trazida até ele, mas a mãe respondeu: "Ah, não, ela está imunda, não pode ser mostrada". No entanto, ele queria sua presença a qualquer custo, e Borralheira teve de ser chamada. Ela primeiro lavou as mãos e o rosto, foi até ele e se curvou diante do príncipe, que lhe entregou o sapato de ouro. Então, ela se sentou sobre um banquinho, tirou o pé do pesado tamanco e o deslizou para dentro do sapato, que era como moldado sob medida para ela. Quando se levantou e o príncipe viu seu rosto, ele reconheceu a bela moça com quem havia dançado e bradou: "Esta é a noiva certa". A madrasta e as duas irmãs se espantaram e empalideceram de raiva, mas ele tomou Borralheira sobre o cavalo e foi embora com ela. Quando passaram pela pequena aveleira, as duas pombinhas brancas exclamaram:

Não há sangue no sapato
Isso é tão belo, tão belo
E lhe coube, isso é fato
Para a noiva certa, o castelo.

E depois de terem gritado isso, ambas desceram voando e pousaram nos ombros de Borralheira, uma à direita e outra à esquerda, e ali ficaram imóveis.

Quando o casamento com o príncipe estava prestes a acontecer, vieram as irmãs falsas, querendo cativar a simpatia e tomar parte em sua sorte. Quando os noivos chegaram à igreja, a mais velha estava à direita e a mais jovem à esquerda: cada um dos pombos bicou um olho de cada uma delas. Mais tarde, quando saíram, a mais velha estava à esquerda e a mais jovem à direita: cada uma das pombinhas bicou o outro olho de cada uma delas. E assim, por sua maldade e falsidade, foram punidas com a cegueira para toda a vida.

Referências

Breiter, H. et al. (1997). Acute effects of cocaine on human brain activity and emotion. *Neuron 19*, 591-611.

Bürgy, M., & Mundt, C. (2000). Methodenprobleme der Biographieforschung über Lebensthemen. *ZKPP 48*, 329-342.

Eckstein, D. (1976). Early recollections changes after counselling. A case study. *Journal of Individual Psychology 32*, 212-223.

Freud, S. (1904). *Zur Psychopathologie des Alltagslebens*. Karger.

Jung, C.G. *Experimentelle Untersuchungen* [OC 2]; *Psychogenese der Geisteskrankheiten* [OC 3]; *Psychologische Typen* [OC 6]; *Die Dynamik des Unbewussten* [OC 8]; *Praxis der Psychotherapie*, [OC 16]. Todos os volumes da Obra Completa de Jung podem ser enconrados na edição publicada pela Vozes em 2011. A indicação dos parágrafos é equivalente em todas as traduções].

Kast, V. (1998). Komplextheorie gestern und heute: Empirische Forschung in der Jungschen Psychologie. *Analytische Psychologie 29*, 296-316.

Kast, V. (2005). *Aufbrechen und Vertrauen finden: Die kreative Kraft der Hoffnung*. 3. ed. Herder.

Kast, V. (2011). *Interesse und Langeweile als Quellen schöpferischer Energie.* Patmos.

Kast, V. (2013). *Freude, Inspiration, Hoffnung.* 6. ed. Patmos.

Kast, V. (2013). *Trotz allem Ich. Gefühle des Selbstwerts und die Erfahrung von Identität.* 9. ed. Herder.

Kast, V. (2014a). *Lebenskrisen werden Lebenschancen: Wendepunkte des Lebens aktiv gestalten.* 11. ed. Herder.

Kast, V. (2014b). *Vater-Töchter, Mutter-Söhne: Wege zur eigenen Identität aus Vater- und Mutterkomplexen.* 5. ed. Kreuz.

Kast, V. (2014c). *Vom Sinn des Ärgers: Anreiz zu Selbstbehauptung und Selbstentfaltung.* Kreuz.

Kast, V. (2015a). *Sich einlassen und loslassen: Neue Lebensmöglichkeiten bei Trauer und Trennung.* 25. ed. Herder.

Kast, V. (2015b). *Trauern. Phasen und Chancen des psychischen Prozesses.* 4. ed. Kreuz.

Kast, V. (2015c). *Vom Sinn der Angst: Wie Ängste sich festsetzen und wie sie sich verwandeln lassen.* 7. ed. Kreuz.

Kast, V. (2019a). *Abschied von der Opferrolle: Das eigene Leben leben.* Herder.

Kast, V. (2019b). *Die Dynamik der Symbole: Grundlage der Jung'schen Psychotherapie.* 2. ed. Patmos.

Kast, V. (2020). *Über sich hinauswachsen. Neid und Eifersucht als Chancen für die persönliche Entwicklung.* 2. ed. Patmos.

Markus, H., & Nurius, P. (1986). Possible selves. *American Psychologist 41*, 954-969.

Schlegel, M., & Zeier, H. (1982). Psychophysiologische Aspekte des Assoziationsexperiments und Normdaten zu einer Reizwörterliste. *Analytische Psychologie 13*(2), 75-92.

Schütz, A. (2003). *Psychologie des Selbstwertgefühls*. Von Selbstakzeptanz bis Arroganz. 2. ed. Kohlhammer.

Spitzer, M. (2003). Bescherung im Kopf. Wer das Weihnachtsfest verstehen will, muss wissen, wie das Gehirn arbeitet. Eine Einführung in die festliche Neurobiologie. *Die Zeit 1*. https// www.zeit.de/2003/01/Bescherung_im_Kopf/komplettansicht

Conecte-se conosco:

facebook.com/editoravozes

@editoravozes

@editora_vozes

youtube.com/editoravozes

+55 24 2233-9033

www.vozes.com.br

Conheça nossas lojas:

www.livrariavozes.com.br

Belo Horizonte – Brasília – Campinas – Cuiabá – Curitiba
Fortaleza – Juiz de Fora – Petrópolis – Recife – São Paulo

EDITORA VOZES LTDA.
Rua Frei Luís, 100 – Centro – Cep 25689-900 – Petrópolis, RJ
Tel.: (24) 2233-9000 – E-mail: vendas@vozes.com.br